好かれるリーダーに変わる50の技術

人手不足を解消するチームのつくり方—

株式会社清友　代表取締役
魅力学・コミュニケーション講師
宮之原明子 著

セルバ出版

はじめに

43年前、父と一緒に出席したホテルのパーティー会場で、母は、初めてパーティーコンパニオンと出逢い、その職業を知りました。

「私もこの仕事がしたい!!」と、まだ小さかった3人の娘を預けて、パーティーコンパニオンの世界を学び、「清友」というパーティーコンパニオンの請負の会社を立ち上げました。

そして私は、学生のうちから母が立ち上げたこの会社で働くことになりました。

一流のお客さまへ、一流のおもてなしとサービスを日々提供する仕事。

いまの私の仕事の軸は、間違いなくこのパーティーコンパニオンの現場で身につけたものです。

お客さまとのコミュニケーション、ホテルのスタッフの皆さまとのコミュニケーション、そして自社の商品である、パーティーコンパニオンのスタッフのみんなとのコミュニケーション、更にスタッフをマネジメントする、社員のみんなとのコミュニケーション。

このすべてが、うまくいかないと成り立たない仕事です。

私が、学生でアルバイトとして手伝っていたときに、母が急に病気になったことから、私は20歳で、「清友」の経営を引き継ぐことになりました。

当然のことながら経営の知識も経験もなく、それどころか、マネジメントや営業に関する知識も一切なかった私は、たくさんの失敗を経験しました。大した仕事もできないのに、プライドばかり高くてお客さまとぶつかってしまったり、頑張ってくれているスタッフに対して、思い通りにいかないことを相手のせいにして、不平不満をぶつけてしまったりしていました。

いま思い出すと、自分中心の考え方で日々仕事をしていた自分自身がとても恥ずかしくなります。そして、当時関わってくれた皆さんに申し訳ない気持ちでいっぱいになります。

でも、そんな私にも、ありがたいことに何度も手を差し伸べてくださったお客さま、社員やスタッフのみんながいてくれました。みんなに支えられてここまでやって来ることができました。

いまでは、1万人の女性たちのマネジメントだけでなく、シニアの方や、外国人への仕事の紹介や、障がいのある方への就労支援、特性のある子どもたちへの療育までさせていただいています。

我が社は『総合人材サービス』の会社です。

だからこそ、「すべての人を活かす」ことが、我が社にとって一番大切な使命だと思っています。

現在、深刻な問題になっている少子高齢化、そして業種に関わらず加速する人材不足。人材サービス業の我が社のみならず、これからは、どの企業でもいかに仕事を細分化して「すべての人を活かす」ことができるかが、会社の未来を創る重要なポイントになってくると思います。

もちろん、私たちもまだまだ未熟なところもたくさんあります。それだけでなく、事件は日々現場で起きます。それでも、一緒に働く社員やスタッフのみんな、さらに、お客さまと1つずつ解決しながら前に進んでいくしかありません。

「どうすれば、スタッフが活き活きと働いてくれる職場になるのか」

「多様な人材を活かすとはどういうことか」

そんな相談もたくさん受けます。

そんな方たちに、本書が少しでもお役に立てると幸いです。

2023年7月

宮之原　明子

好かれるリーダーに変わる50の技術　―人手不足を解消するチームのつくり方　目次

第3章　好かれるためのコミュニケーション

第4章　人の夢を手伝う

第5章　魅力的な人になる

第6章　すべての人を活かす仕事術

第7章　人は、人で磨かれる

第1章 「嫌われないこと」がなにより大切

①嫌いな人の話は聞かない　――嫌いな人の指示には従いたくない

どう嫌われないかを意識する

私は、これまでコンパニオンやモデル・タレント、販売員、イベントスタッフなど、毎年1万人以上のマネジメントをしてきました。そこで感じたのが、「嫌われないことがどれだけ大切であるか」ということです。

人は感情の生き物です。どんなによいことを言っても、嫌いな人の指示には従いたくないものです。実際に、そのような場面を、いくつも見てきました。

一度その人のことを嫌いになると、その人が発するちょっとした言葉に対しても、反抗的な態度をとるようになります。

「お客さまには必ず笑顔で接しましょう！」

と、当たり前のことであっても、

「あなたのほうが、笑顔がないじゃないですか。あなたに言われたくありません」

とか、もっとひどい場合には、

「あなたの笑顔なんて、どうせつくり笑顔でしょ。気持ち悪い」

なんて返されることもあります。そういう意味では、何を言うかではなく、誰が言うかが大事ですし、どう好かれるかよりも、どう嫌われないかを意識することは、極めて重要です。

嫌われる「きっかけ」は案外、些細なことだったりします。

「あの子にだけ優しくして、えこひいきされた」

「嫌なことを言われた」

「何かにつけて否定ばかりされる」

など、理由はさまざまですが、人は一度その人を嫌いになると、ずっと嫌いなままなのです。そして、「あの人にだけは、言われたくない」という思いを抱くようになります。この「嫌いの感情」が先に立つと、かならず行動にあらわれます。その結果、現場の空気も一気に悪くなるのです。

ですので、お互いに気持ちよく仕事をするためにも、リーダーや上司など、上に立つ人こそ、嫌われないことが大切だと思っています。

嫌いな人の言葉は耳に入らない

嫌いな人の言葉は耳に入りません。ごく真っ当なことを言っていても、場合によっては嫌味とか、意地悪に捉えられることもあります。最悪の場合、「セクハラ」や「パワハラ」にまで発展することもあります。

たとえば、スタッフのためを思って、

「若いときは、何でも進んでやればいいよ」

と言ったとします。それが尊敬していたり、好きな上司の言葉であれば素直に、

「はい、わかりました。ありがとうございます」

となります。しかし、それが嫌いな上司であれば、

「自分の考えを押しつけないでほしい」

ということになります。

これは、常に1万人のスタッフのマネジメントをしてきたからこそ、わかることです。

また、

「この現場には入りたくないです」

とコンパニオンの女性が言ってくることがあります。

「なぜ、その現場が嫌なの？」

と聞いてみると、かならずと言っていいほど、

「あの人がいるから嫌なんです」

「あの人とは一緒に働けません」

と、人間関係の問題が出てきます。

どこで働くかではなく、誰と働くかが重要だったりします。

理由を話してくれるのなら、まだいいのですが、理由すら言わずに辞めていく人もたくさんいました。そういった状況になるのが、不思議と同じ現場や、同じ人との組み合わせだったりします。

それで、後から調べてみると、その現場に嫌われている人がいたりするものです。

せっかく採用した人が辞めてしまうのは、会社にとっても、もったいないことです。

もし、あなたのアドバイスをきちんと聞いてもらって、気持ちよく動いてもらえれば、仕事の効率も上がるのに、嫌われてしまうと、それすら叶わないのです。

そして人から好かれることよりも、嫌われることのほうが、スピードが何倍も速いのです。好かれるのには時間がかかりますが、嫌われるのは、一瞬なのです。

②嫌われたら取り戻すのに時間がかかる　―嫌われるのは、ほんの一瞬

嫌われるのは一瞬

人に好かれるのには時間がかかりますが、嫌われるのは一瞬です。

私は、それぞれの現場で、これでもかというほど、人間関係のクレームを聞いてきました。ついこの間まで仲のよかった2人が、突如として険悪になる場面も何回も見てきました。そのきっかけ

は本当にさまざまです。

たとえば、職場で仲のよかった2人の間に、ひとり新しい人が入ってきただけで、人間関係が崩れることもあります。

おやつを食べながらAさんがBさんに、

「そんなに甘いものばっかり食べているから、太るんじゃない」と言いました。

2人が仲のよいときは、

「バレた?」「でも辞められないわ!」

と笑いで済んでいました。

そこにCさんが新しく入ってきました。Cさんが、Aさんと同じようにBさんに言っただけで、「なぜ、あの人に言われなきゃいけないの?」と一瞬にしてBさんがCさんを嫌いになることもあります。

ほかにも、Aさんが、Cさんと仲良くすることで、以前と同じように言った一言でも、「Cさんの前でバカにされた」とBさんが感じて、Aさんを嫌いになったりします。

こうなると職場の雰囲気はすぐに悪くなります。

そして、嫌われるのはほんの一瞬で、しかも当事者以外の人から見れば些細なことでも、当事者にとっては些細なことでは済まないのです。

「嫌い」を「好き」に変えるのは時間がかかる

嫌われるのは一瞬ですが、その感情を「好き」まで戻すのは、簡単ではありません。

これは、上司・部下だけでなく職場の仲間や友達も、夫婦や恋人も同じです。

恋愛に置き換えると想像がつく人も多いと思います。

「この人とはやっていけない」

一度、そう思ったら、リカバーするのは並大抵ではありません。

まして、上司や職場の仲間は他人です。一緒に生活しているわけでもないし、自分が責任を持って、守る必要もなかったりします。ですので、嫌な人と一緒にいるくらいなら「職場を変える」こともできるし、「辞めてしまう」ことも容易にできます。

嫌われていることを察知して、何とか取り繕おうとしても、一度嫌いになった人のことをなかなか簡単に認めない人も多くいます。

こちら側から見ると、「嫌われている」と察知して、なんとか当人が気持ちを取り戻そうと努力していても、相手は「白々しい」と思っていたりします。

たとえば、ベテランの女性が、いそがしいときに、後輩の女性に対して、ついこんな感じでキツイ言い方をしてしまったとします。

「いま、そこでスマホを見ている場合じゃないでしょ!」

当たり前のことでも、言われた女性はふて腐れた態度を見せたりします。「あっ、しまった！」と、ベテランの女性がそれに気づいて、「大事なメールだったの？」などと優しくフォローしても、あとの祭りだったりします。

言われたほうは、「あの人に、人前できつく言われた」という感情が残ってしまいます。

こうなると、なかなか「嫌い」の感情が消えることはありません。

そんなときに、第三者の私たちは、さりげなく怒られていた若い女性に「さっきは、きつい言い方をされたかもしれないけれど、あの人、いつもあなたのことをほめているわよ」とベテランの女性のフォローをさりげなくします。

そうすることで、２人の人間関係が気まずいものにならないようにします。

このさりげないフォローも、リーダーや上司など、上に立つ人のとても大切な役割の１つです。

③嫌われる人がやっていること　――自分が正しいと思っている

自分は人の悪いところを正していると思っている

嫌われる人に限って、自分が嫌われることをしているということに気づいていない人が多いものです。それどころか、「自分は正しくて、人の悪いところを正している」と思っている人が多いのです。

なので、どうしても、口調が命令口調になったり、態度が偉そうになったりします。また、説教をしょっちゅうしていたりします。

もちろん、そこに信頼関係があれば問題ありません。しかし、初めて会った人やそんなに親しくない人に、公衆の面前で怒鳴られたり、説教される側の気持ちになってみてください。その人のことを好きになんて、なれるはずがありません。それどころか「この人の近くに居たくない」と思われたりします。実際、そんなシーンをよく見ます。

たとえば、飛行機に乗っていると、ファーストクラスなどではＣＡの女性が挨拶に来てくれます。そんなときに「いちいち来なくていいんだよ！」などと平気で怒鳴る人がいます。それどころか、「空気を読めよ!!」などと言って、説教をはじめたりするのです。

「空気を読めないのはどちらなのか…」

私は、このような場面に出くわす度に、そう思うのです。きっと、周囲の人たちまで嫌な気分になっているでしょう。

横柄で人によって態度が変わる

我が社の創業時から続く仕事の１つが、パーティーコンパニオンの請負事業です。パーティーという非日常の場だからこそ、見える世界があります。

パーティーには、社会的地位の高い人もたくさん来られます。ほとんどのお客さまは、気遣いにあふれています。飲み物をお届けすると、「ありがとう」とおっしゃってくださいます。それどころか、顔見知りだと「いつもがんばっているね」などと、パーティーコンパニオンを労わってくださるだけでなく、ご挨拶に行かせていただいた私にまで「最近はどうだい？」と、温かい言葉をかけてくださったりします。

そんな方たちに囲まれていると、私たちまで温かい気持ちになります。

ところが、悲しいことに、サービス業というだけで下に見ている人もいます。そんな人は、態度も横柄です。

「さっさと、ビールを持って来いよ」

「そんなに気が利かないと、社会で通用しないぞ」

などと、傷つくような言葉を人前で平気で言ってきたりします。

そのような人は、当然のことながら周りからも嫌われることになるのですが、そんな人に限って、「あの子は、○○さんのお嬢さんなんですよ」などと耳にした瞬間、急に態度が変わったりします。「どおりでお上品だと思ったよ」などと、さっきとは正反対のことを言ったりします。

人によって態度がコロコロ変わる人を、私はたくさん見てきました。

自分にメリットのある人に対しては丁寧なのですが、自分にメリットがないと判断した人には、かなり上から物を言う人がいます。

しかし、周りはそのような人の態度をよく見ています。そして、嫌われます。

④自慢話よりも失敗話 ――自慢話は相手を疲れさせる

自慢話は鬱陶しいだけ

「こんな国に行った」

「こんなものを持っている」

「こんな友人がいる」

と自慢話ばかりをする人がいます。

最初は周りも、「そうなんですか」と関心を示してくれても、やがて疲れてしまい、聞く耳すら持たなくなります。特に若い子たちは、「また、はじまった」と冷ややかな態度をとるでしょう。

また、そういう人に限って何度も同じ話をしますし、有名な人を知っている話をするのに、紹介してくれるわけでもありません。それどころか、マウントさえ取ろうとします。

たとえば、誰かが夏休みにアメリカに行った話をしていたとします。そこに頼んでもいないのに割り込んできて、「アメリカよりもヨーロッパがいいよ」などと、自分が行ったヨーロッパの話を延々とする人がいます。

ランチの話題でも、「この店がいい」「あの店がいい」「あの店のマスターとは知り合いだ」などと割り込んで話をする人がいます。

もちろん、それが、教えてもらって嬉しい情報ならありがたいです。しかし、若い子たちの興味や関心もなく、値段が高くて行けないようなお店の自慢をされても、それは反感を買うだけです。

それでも「連れて行ってあげよう」ならいいのですが、そんな自慢話をする人に限って、連れて行ってもくれないのです。単なる自慢話は、鬱陶しいだけです。

失敗話は親しみを生む

逆に失敗話を楽しく話せる人は、好感度が上がります。しかも、社会的に地位のある人や偉い人だったりすると、「この人にもこんな経験があるんだ」と距離が一気に近くなることもあります。

「仕事ばかりしていて、奥さんに逃げられた」

「昔、事業に失敗して借金をつくった」

など、本当は言いたくなかったかもしれないことも、自己開示されると、受ける側も話がしやすくなります。

「もっと教えてください」

と、聞きたくなったりします。

そして、そこには「自分と同じ失敗をしてほしくないから話すんだよ」という、優しい気づかいが含まれていたりします。

人はつい、自分をよく見せたいあまり、成功体験ばかりを語ってしまいます。それは、私も同じです。しかし、キラキラした成功体験は、人によっては嫌味にしか聞こえないこともあります。なので、私も気をつけるようにしています。

一方で、失敗体験は「私もこんな失敗をしたから気をつけてね」と注意を促すときにも使えます。

パーティーコンパニオンの仕事は、たとえお客さまからすすめられたとしても、パーティーで出されているものを食べたり、飲んだりしてはいけない、というきまりがあります。

しかし、お客さまに強くすすめられ、断り切れずに食べてしまう、というスタッフもいます。それがホテルの社員に指摘されて、大問題になったことがあります。

「でもね、あれは、私がもっと繰り返し伝えていなかったのが悪かったの」と、自分に対する強い反省の気持ちから、そのときの話を、あえてすることもあります。

すると、みんな素直に、「絶対やっちゃダメですね！」と聞いてくれます。

直接、「○○してはいけない」と指導するよりも、効果は絶大です。

実は、失敗こそが、人財育成の宝の山だったりします。

⑤臭いに気をつける　――「臭い」は、人を不快にさせる

臭いに気配り

どんなに素敵な人でも、「臭い」で、人に嫌な思いをさせてしまうことがあります。そして、この臭いは、自分では気づかない人が多いのも事実です。

それどころか、臭いで頭痛がする人もいます。実際、私の知人の男性は、化粧品の臭いがダメで、百貨店の化粧品売り場を通るだけで頭痛がするそうです。

また、ホテルの消毒液の臭いが気になるという人もいます。タバコが嫌いな人は、タバコの臭いでイライラしたりします。

電車や飛行機に乗ったときに、隣に臭いのきつい人が座ると、移動中の数時間が苦痛になります。

「この人、何日もお風呂に入ってないんだろうなぁ」と想像してしまうこともあります。

一方で、「僕は、汗かきなんだ」と臭いに気を遣っている人もたくさんいます。

「もし、僕の臭いが気になったら遠慮なく言ってください」と言われると、こちらが「そんなことないですよ」

と、申し訳ない気持ちになります。

そういえば、噛むとバラの香りがするガムが一時流行ったことがありました。そのくらい、自分の臭いを気にされる人もいます。

反対に、まったく臭いに無頓着な人がいるのも事実です。そういう人は、夏でも同じ服を何日も着ていたりします。

「あの人、絶対に1週間は頭洗ってないですよ」

女性たちは、そんな噂をしていたりします。

私が一番気をつけるのが、臭いに神経質な人との付き合いです。

普通の人が気にならないような臭いでも気になる人がいます。

そんな人と食事に行くときなどは、禁煙の店を予約するだけでなく、隣の人やグループとの空間がある店を予約したり、個室を選ぶなど、臭いが原因で関係が悪くならないように、気配りを怠らないようにします。

嫌いな「臭い」は、人それぞれ

本人は「香り」のつもりでも、他人からは「臭い」だったりと、苦手な「臭い」は人それぞれです。

特に、アロマや化粧品などは好みも人によって違います。そういう意味では、「臭い」ほど難しいものはありません。

職場などで気になるときは、

「私の香り、気になりますか？」

「僕の使っている化粧品の香り、どうですか？」

などと周りに尋ねるのも、リスクを回避する方法の1つです。

恋愛中だと「彼の汗のにおいが好き」などと言う女性もいます。

ホテルなどでは、記憶に残すためにわざとそのホテル独自の「香り」がするようにしているところもあります。気に入った場所の匂いや、好きな人の匂いは、「香り」になります。

しかし、自分が苦手な「香り」は「臭い」になります。何よりも、臭いで避けられたり、嫌われたりするのは勿体ないです。

私たちの仕事は、接客が主なので、お客さまの近くに行きます。

そして、どんなお客さまがおられるかわかりません。臭いに敏感な人もいます。

特に、パーティーコンパニオンの仕事は、食事の席が多くあります。ですので、仕事中の香水は禁止しています。また、できるだけ無香料の化粧品を使ってもらうようにしています。もちろん、私も無香料のものを使っています。

他にも、スーパーなどでの食品のデモンストレーションの仕事があります。食品を試食してもらい、販売する仕事です。食品を扱う以上、やはり臭いには気を遣います。試食してもらうのに、その人が、香水や化粧品の臭いをプンプンさせていたら嫌ですよね。ですから、人が嫌がる要素を排除するのが、プロとしての身だしなみです。

⑥そのつもりがなくても…　――人は、感情の生き物

人は感情で判断する

人は、ものごとを感情で判断します。「どうしたか」ではなくて、「どう思われたか」がとても大切です。そんなつもりで言っていなくても、相手が悪意を持って受け取ることもあります。

たとえば、「あなたがいると賑やかね」という言葉。

言った側は、「明るくていいね」というほめる意図を持って伝えたのに、受け取る側が、「私が、うるさいってこと?」と否定的に受け取ることもあります。

ほかにも、「髪型、変わったね」「今日の服、似合うね」と、コミュニケーションを取ろうと思って発したひとことが、好きでもない男性の上司に言われれば、「セクハラ」と受け取られてしまうかもしれません。

これも、実際にあった話ですが、食事をご馳走になった女性がご馳走してくれた男性に対して、「ありがとうございます。美味しかったです♡」と「♡」のマークを送ったことで、「彼女は、僕の

ことが好きだ」と、勘違いした男性が、その女性のストーカーになってしまった事例もあります。

本人に、そのつもりがなくても誤解されて人間関係が崩れたり、嫌な思いをすることもあります。

だからこそ、相手がどう受け取るかを考えたうえで、言葉を発したり、コミュニケーションをとることがとても大切です。

まずは、「人は、感情の生き物」であることを意識するようにしましょう。

誤解されないように気をつける

最も大切なのは、誤解されないように気をつけることです。

私は研修などでは必ず、受講生に「言葉と行動に気をつけましょう」と伝えています。

「むやみやたらに絵文字を使わない」というのも、ビジネスマナーでは重要です。

ハートマーク1つで誤解されて、人間関係がおかしくなったら不幸でしかありません。ほかにも、メールの文章は、フォーマルなものにするように伝えています。

「親しき中にも礼儀あり」なのです。

もし、フランクに、タメ口の文章が送られてくれば、「馴れ馴れしい」と怒る人もいますし、「この女性は、僕に気があるんだ」と誤解する人もいます。

また、「YOUメッセージ」は危険です、ということも教えています。

「あなた、真面目よね」とほめたつもりで書いていても、「あなた」が主語になることで、上から目線でモノを言われていると捉える人もいるからです。

そのようなときは、「Iメッセージ」にすることを提案しています。

「あなたが真面目だから、私は、あなたに安心して仕事を頼むことができるの」

と、「私」を主語にすることで、そのリスクを回避することができます。

また、立場をハッキリさせておくのも1つの方法です。

「私は、あなたの指導係として厳しいことをいうこともあるけれど、仕事が終われば対等だから、タメ口で何でも言ってくれていいよ」

と、立場を明確にすることで、信頼関係が生まれることもあります。

ただし、言ったことには責任を持つ必要があります。

「何でも対等に話してね」

「今日は無礼講だ」

と言っておきながら、

「あいつにあんなこと言われた」

と怒っている経営者や、管理職を何人も知っています。

やはり、リーダーこそ、自分の言葉に責任を持つ必要がありますし、私も自分に強く言い聞かせています。

⑦人は見ている　──人は、よいところよりも悪いところを見る

人のことはよくわかる

自分のことよりも、人のことはよくわかります。

私自身、自分のことは棚に上げて、人の欠点はよく見えるものです。そして、自分が思っている以上に、他人は、よいところはなかなか見てくれませんが、悪いところは山ほど見ています。

「明子さんって、仕事をしているときは厳しいけれど、酔ったらかなり陽気だし、人に甘えたりするんですね」と言われたことが何度かあります。

私はあまり意識していないのですが、どうやら、そうみたいです。

そんなときは、「私、実はダメダメなんですよ。みんながいるから助かっているだけなの。だから酔って調子にのって迷惑かけそうなときは怒ってね」と笑って言います。

すると我が社のメンバーは、「しっかり見張っておきます」と返してくれます。

実際、お酒が入ると気分がよくなって、普段頼めないことを頼んだり、普段照れくさくて言えないようなほめ言葉を言ったりすることがあります。

基本的に、私は楽しいお酒の場が好きで、それをわかってくれている仲間に恵まれているのでありがたいのですが、これが絡み酒の人だと大変です。

酔った勢いで説教を始める人などは、その典型です。

「酒の席だから許される」ことはないです。

言ったほうは酒の席でも、言われたほうは根に持つ、ということは結構あります。

ある経営者は、電話で取引先へのお世辞のつもりで「皆さん、可愛い女性ばかりだから、御社に行かせていただくのが楽しみです」と言ったのです。

しかし、電話が終わった後で、それを聞いていた自社の女性社員から、「うちは、可愛い女性がいなくてすみません」と、すごい形相で言われたそうです。

彼は、「お世辞のつもりで言ったので、そんなつもりじゃないよ。君たちには、本当に感謝しているよ」と、切り返したものの、信頼を取り戻すまでに、何度も何度も謝ることになったそうです。

気づいていないのは、自分だけ

誰も知らないと思っていても、意外と他人に知られている、ということはよくあります。

ある女性スタッフは、タバコを吸っていることを人に知られたくなくて、隠していました。

ある日、みんなで旅行に行くことになったときに、「ホテルは、喫煙室だよね」と、仲間に言われて驚きました。

「どうして、私がタバコを吸うことを知っているの？」と、尋ねたところ、「時々、タバコの臭いがするから」と、言われました。それから彼女は臭いにも気をつけるようになったのです。

また、ある男性は、社内の女性と付き合っていました。

でも2人は、付き合っていることを隠していました。バレないように、社内でもお互いに距離を取るなど、気を遣っていました。

しかし、どうしても黙っていられなくて同期の男性と飲みに行ったときに、「僕、実は社内恋愛しているんだ」と、打ち明けました。

そこで、同期の友人から返ってきた言葉は、「みんな知ってるよ」と、いうものでした。

しかも、相手の名前まで知られていたのです。理由を尋ねたところ、

「いろんな所で、2人でいるところを取引先の人たちにも見られているよ。でも、2人が黙っているから、みんな黙っていただけ」ということでした。

そうなんです。どこで誰が見ているか、わかりません。そして、悪い噂ほどすぐに広がるものです。

「飲んで、ラウンジで女性に絡んでいた」「複数の男性と付き合ってるみたい」など、知られたくない姿のほうが、興味本位で、おもしろおかしく広がります。

ですので、常に誰かに見られていることを意識して行動することが大切です。

第2章 相手を理解するコミュニケーション

⑧まずは聞き上手になる　――聞き上手は、コミュニケーションの基本

聞き上手になることが基本

相手のことを知るためには、聞き上手になることが基本です。ですので、私もコミュニケーションの研修では、まず「聞く」トレーニングをします。

しかし、「どうやったら聞き上手になれるのかがわからない」と言う人も多いです。

経営者や成功体験の豊富な人に多いのが、「こうすればいい」という経験や信念が強い人です。

このタイプは、「自分が人に教えたい」という気持ちが強く、相手の話を聞こうとしません。

そのような上司を前にした部下は、「この人に言っても無駄」「黙って聞いておいて、時間が過ぎたらいい」と思ってしまいます。

これではコミュニケーションは成立しません。

人の話を聞くには、体力と気力が必要だったりします。

「聞こう」と、意識しなければ、なかなか聞けないものです。

そこで、まず大切なのが、相手が話しやすい「よい質問」をすることです。よい質問をするには、まず相手に興味を持ち、よく観察することです。携帯電話のストラップや待ち受け画面、身につけ

ている靴やかばんなどに注目します。ここから、その人の個性や、好みがわかります。

相手も、自分が興味のあること、好きなことであれば、いくらでも話すことができます。

私は、事前準備として、当日会う人のＳＮＳを見ておくようにしています。そうすると、その人の好みや、いま興味があること、交友関係なども知ることができます。

なかなかつかみどころがない場合は、「広がる質問」をします。

「最近、気になることはありますか」

「最近、はまっているものがあったら教えてください」

など、話が広がりそうな質問をたくさん持っていると、会話も広がりやすいです。

また、相手がはまっているものなどがわかったら、「よかったら、もっと詳しく教えてください」と、言ってみるのもよいでしょう。

ただ、そのときに、間違っても「そっちよりも、こっちがいいよ」などとマウントを取ってはいけません。

「そうなんだ」と、ゆっくり笑顔でうなずいてください。

聞き上手は信頼される

「この人、私の話を聞いてくれる人なんだ」と、思われると、信頼されます。

信頼されると、心を開いてもらえる確率が上がります。心を開いてもらえると、言っていることを聴いてもらえるようになるという、よい循環が生まれます。

しかし、なかなか忙しくて、ゆっくりと人の話が聞けないこともよくあります。私もその1人です。そういうときこそ、「この時間は、この人の話を聞く」と、覚悟を決めて聞きます。

もちろん、「聞く」より「聴く」ほうが大切です。

それでも、じっと聴くのは苦痛だったりします。そんなときは「オウム返し」です。

「なかなかうまくできません」

「そう。うまくできないんだ」

と、一度同じ言葉を受け止めます。そして、

「よかったら、何がうまくできないのか教えてもらえない？」

と、話を広げます。

また、「オウム返し」ができると、たとえ話を聞き流していても、聞き流しているようには思われません。

「この人、ちゃんと私の話を聴いてくれているんだ」と、思ってもらえるのです。

確かに、「そんなことどうでもいい」「この人は、なんでこんな話をするのだろう」と思うこともあるかもしれません。接客の仕事をしていると、時々、どうでもいい話を何度も言う人もいます。

時には、面倒だとさえ感じます。しかし、ここはジッと我慢して、聞き役に徹しましょう。話をしたい人の気持ちが満たされるまで、話を聞いてあげるのです。

相手の気持ちを汲んで、聞いてあげることで得られるものは、想像以上に大きいものです。

⑨とことんうなずく　―うなずきは、承認のしるし

ただうなずくだけで聴いてもらっていると感じる

「そうなんだ」

ただうなずくだけでいいんです。うなずいているだけで、相手は聴いてもらっている、認めてもらっていると感じます。

首をしっかりと縦にふり、うなずくことで、相手に「共感」の気持ちを伝えることができます。人は、自分に共感してくれる人を好きになります。ですので、相手の目を見てうなずくことが大切です。

「目を見るのは照れくさい」と言う人がいます。

その場合、相手のおでこを見ることをおすすめします。こちらはおでこを見ていても、相手は、目を見てもらっていると受け取ってくれます。

なによりも、とことんうなずいて、話を聴いてもらったら、それだけで納得する人も多いです。

年配の人で、何度も何度も同じ自慢話をする人がたくさんいます。

これは、「承認欲求」の1つです。

「誰かに認めて欲しい」

その気持ちが言葉になって出ているのです。

「またこの人、同じ自慢話をしている」と、思っても、なかなかむげにはできません。

そんなときは、相手の目を見てうなずきながら、別のことを考えるようにします。慣れると、これが結構できるようになります。それでも相手は、自分の話を聴いてもらっていると思っているので、ご機嫌です。

そして、内容はほとんど暗記しているので、別の機会にも「先日、こんなことをおっしゃっていましたよね」と言うと、「この人は、私の話をいつもちゃんと聴いてくれる人だ」と思ってもらえます。

否定語は使わない

うなずいて話を聴いている最中に、

「そうは言っても…」

「でもね…」

と、間に意見をはさんだり、否定する人がいます。

これは、心理学的には「貢献欲」と言って、自分の経験をもとに、「役に立ちたい」「失敗させたくない」ということを伝えたい、という気持ちの表れでもあります。

しかし、これらの言葉を言われた方は、「否定された」と、思ってしまいます。

「共感」の言葉や態度は人から好かれますが、「否定」の言葉や態度は人から嫌われます。

そんなときには、「そうなんだ」としっかりうなずいたあとで、

「1つだけアドバイスしてもいいですか」

と、ことわってから話をするといいでしょう。

我が社の現場は、人と接する機会が非常に多いので、人間関係の相談や不満が、山ほど出てきます。

たとえば、スタッフがスーパーなどで、デモンストレーションする仕事のときに、「あの店の店長は、私に冷たいんです」という話が出てきます。

「そうなんだ。その店の店長があなたに冷たいんだ」と、まず受け止めます。

そして、「どんなところが冷たいの？」と聞くと「朝、あいさつをしたのに、こっちを見てくれなかった」とか、そんな些細な理由が多いのです。

正直、私は、「思い過ごしじゃないの」と、言いたい気持ちもあります。

しかし、そこは抑えて、ただうなずいて聞くようにしています。

すると、スタッフは、自分の言いたいことが言えてスッキリしたのでしょうか。私が、「現場を変えたほうがいいかな？」と尋ねても、「他の人はいい人たちなので、大丈夫です」と答えるのです。

こちらがしっかり向き合うことで、本人が自分で答えを見つけたり、勝手に解決していることも意外と多いものです。

⑩一緒に食事をする
――一緒に食事をすると、わかることがたくさんある

一緒に食事すると、濃密なコミュニケーションがとれる

私は、できるだけ、社員やスタッフと食事をする機会をつくるようにしています。

大勢で食事をすることもあれば、少人数で食事をすることもあります。

食事をしながら、悩みを聴いたり、たわいもない話をしたりします。

「同じ釜の飯を食った仲」という言葉があるように、一緒に食事をすることで普段と違って気づくことや、より濃密なコミュニケーションが取れることもあります。

ありがたいことに、我が社は飲食業もやらせていただいています。そこで一緒に食事をしながら、新しいメニューを考えたりもできます。

「一緒にご飯を食べましょう！」と言うと、普通の会社の上司と部下の関係なら、少しかしこまってしまうかもしれません。

しかし、我が社の場合、「一緒に食事をして、気づいたことを教えてほしいの」と気楽に誘うことができます。そして、「最近、気になることはない？」などと、質問したりするのです。

優秀な人材をリクルートする目的で、管理職に特別な予算をつけている、という会社もあります。どんな予算かというと、一緒に食事をするための予算です。一緒に食事をすることで、食べっぷりや飲みっぷりから、仕事ぶりもわかるそうです。

そして、部下は、上司に紹介したい人間を連れてくるように、と言われているそうです。

我が社の場合、主婦も多いので、夜は都合の悪いメンバーも多くいます。その場合は、ランチに誘います。

また、パーティーコンパニオンの仕事は夜が多いので、全員で食事をする、というのも難しかったりします。なので、キャスティングや、マネジメントしているメンバーがそれぞれ手分けして食事に誘ったりします。

食事に行かなくても、現場で、お弁当を一緒に食べることもあります。食事をしているときは、心が開いていることが多いので、勤務中にはできない話もできたりします。

時間がなくて、バタバタと食事をして仕事に戻ることも多いのですが、

「今日は、ゆっくり食事をしょう」

「今週は、せめて3日は、ゆっくり食事をしょう」

と決めて、時間をつくっています。

食事の時間は、あらゆる人の気持ちを知ることができる、ゴールデンタイムです。単に食事を口に入れるだけでなく、コミュニケーションの時間にすることをおすすめします。


「美味しい、楽しい、うれしい」が心を開かせる

「美味しい」と言う瞬間、人の心は開いています。ですので、私はこの「美味しい」の時間を意識しています。

「部下を誘っても食事についてきてくれない」

そんな話もよく聞きます。それは、自分の都合で誘っているからかもしれません。

あるビジネス漫画に、こんなセリフがありました。

「自分の行きたい店に、自分の都合のよい日で誘ってもらっても困るんですよ。僕にだって都合あるし」

その言葉でハッと気づかされました。私もこの漫画の登場人物と同じことをしていたのです。

それからは、相手の都合を聞いてから誘うようにしています。

そして、大切なのは、

「何か食べたいものはありませんか？」

「食べられないものがあったら教えてくださいね」

「行きたいお店はありますか？」

と、尋ねることです。鳥肉が食べられないのに焼き鳥屋さんに連れて行ったら、逆効果になります。

私の知り合いの経営者は、会社の忘年会や新年会は予算だけを確保して、店や中身は社員に任せているそうです。

そうすることで、「参加率が上がった」と言うのです。

自分たちで決めたのだからと、当事者意識が芽生えるのです。

「バーベキューにしたい」

「ホストクラブに行きたい」

など、自分では考えつかなかった企画が出てくることもあるそうです。それでも社長は黙って従うそうです。

そして「意外と知らない世界が見えた」と、楽しんでいます。

「美味しい、楽しい、うれしい」があると、人は心を開いてくれます。

「美味しい、楽しい、うれしい」を感じてもらえる機会をできるだけたくさんつくることで、一層働きやすい環境になっていきます。

⑪わからないことは素直に尋ねる
——わからないことは、恥ずかしいことではない

時代のスピードは、どんどんはやくなっている

次から次へと新しい話題や、新しい技術が出てきます。私自身、ついていけてないことも、たくさんあります。特にインターネットの中の世界や、スマートフォンのアプリケーションなど、まったくわからないこともたくさんあります。

最初は、「わからないと思われたら恥ずかしい」という気持ちもありました。

しかし、知っているふりをして、あとから人に迷惑をかけるほうが失礼です。

ですので、最近では、若いメンバーにも素直に「わからない」「教えてほしい」と、言うようにしています。すると、こちらが思っているよりもみんな優しく、親切に教えてくれます。

補助金などの手続や、法律などもどんどん変化します。知らなければ、犯罪になることもあり

ます。

それもあって、いつも、詳しい人には、

「私、法律や補助金もわからないことが多いので、教えてください」と、言うようにしています。ありがたいことに、頼んでおくと、向こうから「こんな補助金がありますよ」などと、教えてくれたりします。

わからないことは恥ずかしいことではありません。それよりもわからないことを隠して、人に迷惑をかけることのほうが恥ずかしいのです。

私は、スタッフや部下にも、常々言うようにしています。

「わからないときは、素直に尋ねてくださいね」

そして、何か尋ねられたときには、「そんなこともわからないの」は、禁句です。

「そうよね。はじめてのことは、わからないよね」「尋ねてくれてよかったわ」と、受け止めるようにしています。聞きやすい空気をつくるのも、上司であり、リーダーの役目です。

素直が大切

「わからない」

「疑問に思う」

私は、そのように感じたときは、素直に尋ねるようにしています。スタッフや仲間にも、「素直に尋ねましょう」と、指導しています。

いちばん怖いのは、「わかっていないことが、わからないこと」です。

我が社は人材派遣会社です。認可の仕事なので、関連するたくさんの法律があります。「派遣先から派遣される二重派遣」「派遣先を特定の会社に限定する専ら派遣」など、やってはいけないことが山ほどあります。労働基準法もあって、中には複雑なものもたくさんあります。

お客さまから頼まれて、うっかり「いいですよ」と、やってしまったら、後日罰金の対象になったり、派遣業の認可を取り消されることもあります。

また、我が社は、外国人の紹介事業や障がい者の就労支援もしています。ここにもいろんな法律や規制があります。

私もすべてを把握できているわけではありません。

そして、お客さまもですが、我が社の社員ですら把握できていない法律もあれば、法律が変わって、昨年まではできていたことが、できなくなっていたりすることもあります。

ですので、私はその都度、弁護士や社労士に尋ねたりします。

それもあって、「わからないことは、その場で返事をしないで、持ち帰って、わかる人に尋ねるように」と、徹底して指導をしています。

そして、「わからないことを『わからない』と自覚することが大切だ」とも、話しています。

わからないことが何なのかがわかれば、人に助けやサポートを求めることができるのです。

⑫質問上手になる　―クローズな質問とオープンな質問

答えがひとことで終わる質問と、話が広がっていく質問を使い分ける

質問には、「クローズド・クエスチョン」と「オープン・クエスチョン」の２種類があります。

クローズド・クエスチョンとは、答えがひとことで終わってしまう質問です。

たとえば、

「朝ごはん、食べた？」

などの質問は、答えは、「はい」か「いいえ」しかなく、せいぜい「食べました」で終わってしまいます。

「何時に終わりますか？」

「17時です」

なども、同じくひとことで終わってしまいます。

このように、話が広がらない質問を「クローズド・クエスチョン」と言います。

一方、

「子どものときは、何になりたかったですか？」
「野球選手になりたかったです」
「それは、どうしてですか？」
「イチロー選手にあこがれていたからです」
「どんなところに憧れていたのですか？」

と、話が広がっていく質問を「オープン・クエスチョン」と言います。

相手を理解したいときは、このオープン・クエスチョンがいいです。

「2年後には、どんな仕事をしていたいですか？」
「これから身につけたいスキルは何ですか？」

など、普段から話が広がるような、楽しい質問を考えておくといいでしょう。それでも

「話が広がる質問って、どんな質問がいいかわからない」

という言葉をよく聞きます。そんなときは、

「最近、ハマっていることは何ですか？」
「最近、楽しかったことはありますか？」

などをおすすめしています。

では、「クローズド・クエスチョン」がいけないのかというと、そうではありません。相手の意思をしっかり確認するときには効果的です。たとえば、

「この会社で働きたい」という人がいたとします。その人に、

「どんなところに魅力を感じてくれていますか？」

など、一度、「オープン・クエスチョン」をしたあとで、

「1年は、働く決心ができましたか？」

というように、「クローズド・クエスチョン」をすることで、しっかりと相手の意思確認ができる効果があります。

質問の特徴を考えたうえで組み立てると、より相手の気持ちや考えを引き出すことができるでしょう。

相手を理解するための質問

相手を理解するためにも、質問のバリュエーションを増やすことは大切です。しかし、採用面接などでは、質問してはいけない内容もあります。たとえば、宗教や家族に関する質問が、それに当てはまります。

しかし、本人が自主的に話をしてくれる場合は、問題ありません。外国人の採用面接のときに、

「会社に望むことはありますか?」と、尋ねたとします。

そのとき、本人が「私は、イスラムなのでお祈りの時間が必要です」と、答えるのは問題ありません。

また、「お昼ご飯の希望はありますか?」という質問に対して、「私は、ムスリムなので、豚肉はダメです」と言われることもあります。これも重要な情報です。

大切なのは、何のためにその質問をするか、ということです。

質問の答えによってその人を排除するのではなく、その人が働きやすい環境をつくるために質問をする、ということが大切です。

元気のないメンバーを見つけると、私は、「何か気がかりなことはありませんか?」と質問をします。

それに対して、「ないです」と、本人が答えた場合でも、「ちょっと元気がなさそうだったから、尋ねてみたの」と、あなたを気にかけていたことを伝えます。

すると、しばらくたってから、「実は、たいしたことではないのですが、子どもが最近、口を聞いてくれなくて…」などと話してくれたりします。

そして、その場合も、答えやアドバイスをするのではなく、「あなたは、どうしたいのですか?」と、できるだけ自分で答えを考えるような質問をします。

すると、時間は多少かかりますが、きちんと自分で問題に向き合い、解決することが多いのです。

また、質問は、いきなり出てきません。

「質問しなければいけない」と矢継ぎ早に質問すると、それは「詰問」になります。

普段から、楽しみながら、質問を考えてストックしておくと、いざというとき役に立ちます。

⑬相手の価値観を知るコミュニケーション　――価値観がわかる質問

価値観は時期やタイミングによって変わる

「何が一番大切ですか？」

「何をしているときに、モチベーションが上がりますか？」

これらの質問をすることで、相手の価値観がわかります。

「何よりも子どもとの時間を大切にしたいです」

そう答えるスタッフや社員に対しては、仕事よりも家庭を大切にできるシフトを組むようにしています。

一方で、「いつか、自分のお店を持ちたいから、いまはとにかく稼ぎたいです」と言うスタッフや社員に対しては、多少不規則な現場やきつい現場であっても、稼げることを重視します。

人によって、価値観は違います。お金よりも時間が大切な人もいれば、とにかく借金などを抱えているので、お金を稼ぎたい、という人もいます。

そして、価値観は、時期やタイミングによっても変わります。

特に女性の場合、子どもが小さい頃は、お弁当づくりが生きがいで、できるだけ家にいたい、という人もいます。そのような人は、出勤時間が遅くて、早くあがれるシフトを希望します。ところが、子どもが成長して、学費などのお金が必要になると、朝早かったり、夜遅くても稼げる現場に入りたい、という人も増えます。

ですので、いまのタイミングの価値観を知る努力が、リーダーや経営者には求められます。

その点からも、面接では、「今年は、どれくらい稼ぎたいですか?」と言う質問も大切です。

「稼ぎたいけれど、扶養からは、外れたくない」と言う人もいれば、「扶養を外れてでも、とことん稼ぎたい」と言う人もいます。

また、一度病気やケガをした経験から、「できるだけ無理はしたくない」と言う人もいます。

本当に十人十色、千差万別なのです。

だからこそ、それぞれが何を大切にしているのか、それを知ることがとても重要なのです。

その確認を忘れないように、新年の目標と一緒に、「今年は、どんな1年にしたいですか?」などと尋ねてみるのもよいでしょう。

価値観がわかると、心を掴める

「言われてうれしい言葉は何ですか」

「どんな風に扱ってほしいですか」

なども、相手の価値観がわかる質問です。

相手の価値観がわかると、人の心が掴みやすくなります。

「ありがとう」と言われてうれしい人もいれば、「かわいいね」と言われてうれしい人もいます。

言われてうれしい言葉も、人それぞれです。

スタッフや裏方の人に「どんな言葉を言ってもらったらうれしいですか」と尋ねると、「ありがとう」「○○さんのおかげです」という答えがとても多いです。

一方で、クリエイターだと、「さすが」「こんなことできる人いない」と言われたらうれしい、と答えます。

私が知る限り、「尊敬しています」「頼りにしています」と、言われたらうれしい経営者もたくさんいます。

どんな言葉をかけたら喜んでもらえるか、わからないときには、相手に「どんな言葉をかけられたらうれしいですか？」と尋ねてみるのもよいでしょう。

言われてうれしい言葉というのは、その人のモチベーションを上げる言葉です。

そして、人は、自分のモチベーションを上げてくれる人を好きになります。

人は、自分が好きな人の役に立ちたい、と思うものです。

⑭オウム返しのコミュニケーション　――オウム返しの技術

オウム返しも変化球が必要

「先日、風邪をひいたんです」

「風邪をひいたんですか？」

こんな感じでオウム返しをするだけで、「この人は、私の話を聴いてくれる人だ」と、思ってもらえます。それが信頼につながります。

しかし、ただ単にオウム返しばかりをしていると、「こいつ、俺のことをバカにしているんじゃないか」と、受け取られることもあります。

そこで、変化球が必要になります。

「会社の経営が苦しいんだよ」と言う経営者に、「苦しいんですね」と返せば、自分で発した言葉であるにも関わらず、「君に言われたくない」と言う人さえいます。

そのようなときは、ただオウム返しにするのではなく、

「わかります。苦しいですよね。私にもそんなときがありました」と返すと、「そうだよね。君は、どんな感じだったの？」などと、話が広がります。

一方で、家族が亡くなった話などは、ひたすらオウム返しをするしかありません。

「先日、母が亡くなったんです」

「お母様が亡くなったんですか」

「まだまだ元気だと思っていたのに…」

「まだまだお元気だったんですね」

「本当に急だったの」

「本当に急だったんですね」

オウム返ししているうちに、相手が急に泣き出すこともあります。気持ちを言葉にしてはき出すことで、本人が救われることもあります。聴くだけ聴いてあげると、「あのとき、私を支えてくれた人」と、信頼されることもあります。


うなずき、あいづち、繰り返しは、究極の承認

うなずき、あいづち、繰り返しは、究極の承認です。

とはいえ、わかっていても、面倒臭いと感じることもあります。特に年配で、同じ話を何度も繰り返す人は、たくさんいます。

スーパーのデモンストレーションの仕事をしていると、1人暮らしでさびしい思いをされている人が、お客さままで来ることも多々あります。

「うちの息子もあなたと同じ年くらいなのよね」と、しばらく顔を見せに来ない息子や娘の愚痴を聞かされることもあります。

それでもソーセージ1本でも買ってくれればありがたいのですが、何十分も愚痴を言ったあと、「そんなのを私は食べないのよね」と言って、去って行く人もいます。

そんなとき、ベテランであれば、「そうなんですね」とうなずいたり、「息子さん、なかなか帰って来ないのですね」と、オウム返しをしながら、別のお客さまのほうを見るのです。

すると、目が合った別のお客さまが、親しみを感じて、「これください」と、買ってくれたりします。

すると、これが不思議なのですが、いままで愚痴を言っていたお客さままで「私も、これをいただくわ」と言って、購入してくれるのです。

うなずき、あいづち、繰り返しをされて、嫌な思いをする人がいないことだけは確かです。でも、それをどう活かすのかは、経験などの力量によります。

まずは、うなずいたり、あいづちを打ったり、繰り返しをしながら、「その人にどうしてほしいのか」ゴールを考えてみると、楽しくコミュニケーションが取れるようになります。

第3章 好かれるためのコミュニケーション

⑮ほめられて嫌な人はいない　――ほめ方も人それぞれ

小手先のほめ言葉では通用しない人もいる

人によって、ほめられてうれしい言葉は違います。

「いつも、頑張っているよね」とほめられてうれしい人もいれば、「それは、あなたにしかできないことだね」とほめられると、うれしいと感じる人もいます。

また、「あなたは、人と観点が違ってすごいよね」と言われて、うれしい人もいます。

ですので、相手がどうほめられたらうれしいのかを知るために、相手をよく観察することが大切です。

その人が、うれしそうに自分の話をしていたら、それはチャンスです。

「何にこだわっているのか」「何に自信をもっているのか」会話の中に、必ずヒントがあります。

その人が、得意としていることを探し出すのも、よろこばれるほめ言葉に近づく方法の1つです。

職人肌の人は、やはり自分の技術をほめられるのがうれしいみたいで、「すごいですね」「あなたにしかできないですよね」と技術をほめると、よろこんでくれます。

なので、料理人には、そのポイントでほめます。

我が社は、モデルやタレントの育成もしています。

アーティストには、「あなたは、逸材だよね」などと、オンリーワンであることをほめます。

一方で、アーティストを支えるスタッフには、「あなたのおかげで、お客さまにいつもほめていただけて、本当にありがたい」とほめると、よろこんでくれます。

また、経営者の友人には、小手先のほめ言葉では通用しません。

経営者は承認欲求が強い人が多いので、「社長から学ばせていただきました」「社長のおかげで売上があがりました」などの言葉を使うと、とてもよろこんでもらえます。

ほめて、ほめて、ほめまくる

そもそも、ほめられてイヤだと思う人はいません。ですので、ほめて、ほめて、ほめまくるのも、仕事がうまくいく技術の1つです。

特に効果的なのが、その人がいつもほめるときに使っているのと同じほめ言葉でほめることです。

「あの人、いつも頑張っているよね」と言うのが口ぐせの人には、「あなたのほうが、頑張っているじゃない」と言います。

また、「あいつ、個性、きついよなあ」なんて笑って言っている人には、「あなたも充分、個性的だよ」という言葉を使います。

ほめ言葉は、相手に気持ちよく動いてもらうための言葉です。

経営者やリーダーの仕事の1つは、人のモチベーションを上げることです。

しかし、なかなか面と向かうと、照れくさくてほめ言葉が言えない、という人もいます。

そんな人は、手紙やLINEなどを使ってみましょう。

私の知り合いの社長は、給与明細にほめ言葉を書いた直筆の一筆箋を入れて、毎月渡しています。

また、お客さまや取引先の力を借りて、「○○さんが、あなたのことをすごくほめていたよ」と、言ってもらったりしています。

このようなケースもあります。社長が、会社の受付の女性に対して、「先日、経営者の会で、何人もの社長から、『あなたの笑顔が最高で、あなたの笑顔を見たくて、会社に行くんだ』と言われたよ」と伝えるだけで、その女性社員のモチベーションが上がったのです。ほめる力は絶大です。

⑯「ありがとう」は何度でも言う ――「ありがとう」は感謝の気持ち言おうという気持ちがあれば、誰でも何回でも言える

「感謝しましょう」

と、誰もが言います。しかし、感謝の気持ちを態度で示すのは、なかなか難しいことです。

それが言葉なら、どうでしょう。

「ありがとう」を言おうという気持ちさえあれば、誰でも何回でも言えます。

「現場の仕事が終了しました」

「ありがとうね」

「書類ができました」

「ありがとう、とっても助かりました」

と、報告に対してのお礼の言葉として、「ありがとう」と言うことができます。

また、現場に行ったときには、「今日も頑張ってくれてありがとう」「美味しい料理をありがとう」と、感謝の気持ちを込めて、「ありがとう」を伝えています。

ほとんどのメンバーは、「ありがとう」の言葉で、笑顔になってくれます。

中には、照れくさそうに微笑むだけのメンバーもいますが、おそらくイヤな思いはしていないでしょう。

「ありがとう」と言われて、イヤな思いをする人に、私は出逢ったことがありません。

もちろん意識はしているのですが、やはり私も人間です。仕事がたまっていたり、忙しいとイライラすることもあります。「ありがとう」と言うのを忘れてしまうこともあります。

なので、「『ありがとう』を今日も言うようにする」と、朝、家を出るときや、現場に行く前に、自分に言い聞かせています。

なによりも、「ありがとう」を言っている自分がいちばん「ありがとう」の言葉を聴いています。

なぜなら、毎日自分の言っている言葉は、自分の耳がいちばん聴くことになるからです。

自分の「ありがとう」の声に、身体がほっこり温まるのを感じることもあります。

「ありがとう」を言われるとうれしい

やはり、「ありがとう」と言われると、私もうれしい気持ちになります。

「明子さんがいてくれて助かったわ。ありがとう」などと言われると、私も「よし！　もっと頑張ろう」と思います。

また、セミナーや研修では、「ありがとう集め」について、伝えています。

「ありがとう集め」とは、1日に、何人の人に何回「ありがとう」を言ってもらえたかを、数えるものです。その「ありがとう」の数が、あなたが朝起きてから、寝るまでに人の役に立った数、ということになります。

一緒に暮らす家族から、今日は何回「ありがとう」を言われたでしょうか。

一緒に働く仲間から、今日は何回「ありがとう」を言われたでしょうか。

さらに、お客さまから、今日は何回「ありがとう」を言われたでしょうか。

心からの「ありがとう」をもらうためには、相手の期待をちょっとでもいいので、超える必要があります。

だからこそ、いつも相手がどうしたらよろこんでくれるかを考えて行動していないと、「ありがとう」を集めることはできません。

「ありがとう」を言うことも大切ですが、「ありがとう」をもらうことは、もっと大切です。

実際、「ありがとう」を言うよりも、「ありがとう」と言われることのほうが難しかったりします。

特に経営者や上司になると、なかなか「ありがとう」という言葉を言ってもらえなかったりします。

ですので、私は、スタッフや社員やお客さまだけではなく、取引先の担当者や、経営者仲間にも「ありがとう」を言うことを意識しています。

たとえば、美味しい店などを教えてもらったときは、「社長に教えていただいたお店、とっても美味しかったです。ありがとうございます」と、言います。すると、社長も、照れながら「そうか」と笑顔で返してくれます。

そして、また美味しいお店を見つけると、丁寧に教えてくれます。

食事などに連れて行ってもらったら、その日のうちにお礼を言うのは当たり前です。

次の日も、「昨日は、ありがとうございました」と、1本電話を入れたり、ＬＩＮＥやメールで「ありがとう」を伝えると印象に残ります。感謝の気持ちは、何度言葉にしてもし過ぎることはありません。

⑰聞いたことは書き留めておく　――人は、忘れる生き物

メモしなくても大丈夫というのは、大きなミスにつながりやすい

いくら人の脳が優秀でも、すべてを覚えていられるはずはありません。つまり、人は忘れる生き物です。ですから、書き留めておくことがとても大切です。

私たちは、打ち合わせや会議などで、明らかに重要な内容だと思うことは、しっかりと書き留める習慣があります。

しかし、会話の中で、相手が何気なく話したことなどは、多くの人は書き留めもしませんし、聞き流して忘れてしまいます。

そのような中にも、言った側からすれば、とても重要な話だということもあります。かりに、何気ない話だったとしても、覚えていてもらえるとうれしかったりするものです。

私もそんなに記憶力のいいほうではありません。また、毎日仕事に追われていると、たいていのことは忘れてしまいます。それで、できるだけメモをするようにしています。

メモ帳などを持ち歩いていないときは、スマートフォンのメモ欄にメモをしたり、気に入った言

葉を見つけたときは、写メを撮ったりします。

毎日の現場においても、段取りや準備物など、スタッフには、必ずメモを取るように指導します。そのときは覚えていても、忘れてしまった、ということはよくあるからです。

また、パーティーコンパニオンの仕事の場合、出席しているお客さまの情報は、毎回、会合がはじまる前のミーティングで共有します。乾杯酒から必ず焼酎を希望するお客さまや、ノンアルコールのお客さま、肉料理は食べないお客さま…など、大切な情報は、リーダーからメンバーに毎回伝えるのですが、バダバタしていると、忘れてしまうこともあります。

なので、「必ず、メモをしてください。そして、途中で判断に迷ったときは、バックヤードでメモを見てから対応するようにしてくださいね」と、指導をしています。

「自分は大丈夫」

「このくらいなら覚えていられる」

と、過信するのが、最も危険です。それが大きなミスにつながることもあるのです。

覚えてもらえているとうれしい

仕事において、メモをして書き留めることはもちろん大切ですが、プライベートでも、さりげないことでも覚えてもらっていると、うれしいものです。

たとえば、何気ない会話の中で、「私、生魚が苦手なの」と言った友人の言葉などをメモしておいて、彼女を食事に誘うときに「生魚が苦手だったわよね」と、一言添えるだけで、「覚えていてくれたの？うれしい」と、感動してもらえます。

人気がある美容室などでは、お客さまとの会話を、「カルテ」のかたちでメモをして、スタッフ同士で申し送りをしています。

たとえば、そのお客さまが、カットの途中で「今度、北海道に旅行に行くの」と、話をされたとします。そのことをカルテにメモしておいて、次回来店したときに、「先日、北海道に行かれるとおっしゃっていましたが、どうでしたか？」と話をするのです。

これが、コミュニケーションのきっかけになります。

「孫が生まれたんだよ」などと話をされた人には、「お孫さん、大きくなられたんじゃないですか」と話をすると、やはり話が弾みます。

我が社では、常に、およそ1万人のアルバイトスタッフをマネジメントしています。学生、主婦、フリーター、ダブルワーカー、シニアなど、さまざまな人が働いています。

私も含めて、マネジャーがスタッフ全員のことを把握して覚えるのは、さすがに無理です。

なので、まずはマネジメントに関わる社員が全員で共有できるように、システムのフリーメモ欄に、どんな些細なことでも、記載するようにしています。

そのメモを、各現場へのキャスティング前に、必ず確認するようにしているのです。

さらに、関係する事業部ごとに、メモや口頭で共有して、再チェックします。

たとえば、「田中さんは、お子さんのお迎えがあるので、17時までに終了する仕事を希望しています」とメモしてシステムに共有しておくと、田中さんの希望に応えるシフトが組めます。

ほかにも、我が社独自の重要な要素も、メモ欄で確認します。

「山田さんは、美容学校の学生なので、定期的にピンクやパープルに髪のインナーカラーが変わります」

これは、現場によって、明るい髪の色では入れない場所もあるからです。

このメモがあれば、キャスティングの時点で、「いまの髪色はどんな色？」と聞いて、黒スプレーなどを事前に準備することができます。

メモは、コミュニケーションを「見える化」してくれます。

⑱普段から相手を観察する　――観察するからわかることがある

観察すると、その人の行動パターンやクセがわかる

人を理解するのは、簡単ではありません。それでも、よく観察すればわかることがあります。

よく観察すると、人の行動パターンやクセがわかります。

我が社では、障がいのある人の仕事をサポートする就労継続支援A型・B型の事業も行っています。そのため、1人ひとりを観察するのは、とても大切なことです。

私たちが運営する中で、障がいのある人もない人も一緒に働く飲食店舗が、現在3店舗あります。

①鹿児島の繁華街、天文館にあるフルーツパーラー『天文館果実堂』

②いおワールドかごしま水族館の中にあるレストラン『水族館の果実堂』

③天文館のランドマーク、センテラス天文館の中にある図書館カフェ『Ｂｒｅｗ』

職場では、支援員がしっかりサポートをしやすくするために、働く障がいのある人のことを、「利用者さん」と呼んでいます。

もちろんスタッフ間では、それぞれの名前で呼び合っていますが、ここではわかりづらいので、障がいのある方を「利用者さん」、一般職員を「スタッフ」と呼びます。

各店舗で働く「利用者さん」は、それぞれの特性に合わせて作業をしてもらっています。パフェづくりが誰よりも早く綺麗にできる人もいるし、バリスタ並みに誰よりも美味しいコーヒーを丁寧に淹れるのが得意な人もいます。

ただ、最初の頃は1人ひとり違う特性のある利用者さんを活かすのにとても苦労しました。

障がい福祉の事業は初めてで、わからないこともたくさんあり、利用者さんに対して必要以上に気を遣ってしまうこともありました。

あるとき、こんなことがありました。その頃はまだ、利用者さんに気を遣いながらも、スタッフには普段通りに接していました。

たとえば、利用者さんが失敗したときは、

「大丈夫ですか？　何か難しいことがあったら教えてくださいね」

「大丈夫！　最初はみんな上手くいかないんですよ！　無理はしないでくださいね」

と、優しい声がけをしていました。

しかし、スタッフには、「なんで、そんなことになったの？」「大丈夫？」と、厳しい口調で接していたのです。

すると、利用者さんが、「あの人がとっても怖いです」「この職場は、働き難いです」と、言うようになったのです。

利用者さんたちは、一緒に働くスタッフが私に怒られている様子を見て、おびえていたのです。

その経験から、いまは、誰に対しても優しく丁寧に接するようにと、指導をしています。

普段から人を観察していると、どんなシーンがイヤで、どんなシーンが楽しいのか、よくわかります。観察力を活かして、人が楽しく働いてくれて、さらに働き続けてくれる職場づくりをしなければいけないと思っています。

観察のやり方

観察が大切とは言っても、ただじっと見つめていると、見られている側は、「見張られている」と思ってしまいます。

そう思われないためにも、さりげなく観察することが大切です。

上手に、さりげなく観察する方法をアドバイスしましょう。それは、近くで何か他の仕事をしながら観察するというものです。

別の仕事をしながら、その人がどんな仕事の仕方をしているか、どんなクセがあるかを観察します。

もしくは側にいて、仕事や作業をお願いしつつ、どのように仕事をするのか、クセがあるのかを観察する、という方法もあります。

人に物事を頼むのが下手な人、要領よく人に頼める人、自分ひとりで仕事を抱え込んでしまう人…人それぞれ特徴があります。

その様子を実際に見て、、癖がわかると、フォローがしやすくなります。

たとえば、仕事を抱え込んでしまうタイプの人には、抱え込んでいると思ったときに

「できたところまででいいから、見せてもらっていいですか?」

と言って、アドバイスしたりフォローしたりします。

要領のいい人には、少し余分に仕事を与えるようにします。

「元気がないなぁ」と思う人がいたら、「なんか、気がかりなところがある？」と声をかけます。

いつも仲がよかった２人なのに、何かよそよそしいと感じたら、２人を別々に呼んで、話を聞くこともできます。実際に話を聞くと、お互いの仕事の仕方が気に入らないと言います。そんなときには、間に入ってフォローすることもできます。

このように、観察はとても重要です。これは、障がいの有無に関わらず、特に新人には同じような対応が必要だと感じています。

１つ、注意すべき点は、「観察している」という空気ではなく、見守るという空気でさりげなく観察することです。また、近くで作業している人に頼んで観察してもらうということも、とても大切です。

観察は、「見張り」ではなく「見守り」のスタンスで行いましょう。

⑲笑顔は最高のコミュニケーション　――笑顔だと相手が安心する

相手が笑顔だと安心する

もし、あなたが食事をするために、はじめてのお店に入ったとき、店員さんがムスッとした顔をしていたら、どんな気持ちになりますか？

まだ食べてもいないのに「このお店、失敗だったかな」と思うでしょう。誰でもそんな経験があると思います。

逆に、店員さんが笑顔で感じがよければ、まだ食べていなくても、「このお店、正解だったかも」と、思うでしょう。

そうなんです。人は、相手が笑顔だと安心するという傾向があります。

私は20代の頃、尊敬する先輩に教えてもらった言葉を、いまも肝に銘じています。それは、「顔は自分のものだけど、自分のためのものじゃない」というものです。

私たちは、自分の顔は鏡がないと見ることができません。なので、ついつい自分の表情に対しては、無意識になってしまいます。無意識だと無表情になりやすいのです。

日々の生活の中で、何気なく歩いているときや人と話をするときなど、皆さんは相手のどこを見ますか。

たいていの場合、無意識に相手の顔を見ているのではないでしょうか。

そうなんです。いちばん無意識なのに、いちばん人から見られているのは、あなた自身の「顔」なのです。

人は、笑顔の人を見ると安心したり、うれしくなったりします。

逆に、ムスッとしている人を見ると不安になったり、イヤな気持ちになります。

ですから、たとえ1人でもあなたを見ている人がいれば、あなたはその人に何かしらの影響を与えている、ということです。

もし、同じ空間にいるなら、ムスッとしている人より、笑顔の人のほうがいいに決まっています。一緒に仕事するなら、一緒に食事するなら、笑顔の人がいいに決まっています。

笑顔は、心理学的にも、相手に「敵意がない」と、感じてもらいやすいそうです。また、相手に愛情を感じてもらいやすいとも言われています。

ですので、自分が笑顔でいれば、相手も話しやすい環境を自然とつくっていることになります。言い換えれば、笑顔でいることが、相手への思いやりになるのです。

私自身、社員やスタッフには、できるだけ笑顔で接するようにしています。

「おはよう」と笑顔であいさつすると、話を切り出しやすいようで、「昨日の現場でこんなことがありました」などと、こちらから何も聞かなくても、報告してくれたりと、情報が入りやすくなるのです。

そういうメリットもあるので、常に笑顔でいようと意識しています。

店でも、買い物をしてくれたお客さまに対して、笑顔で「こちらも美味しいですよ」と言うと、「それもらうわ」と、アップセールスにつながる確率も上がります。

笑顔が素敵だと、チャンスも増える

パーティーコンパニオン、イベント会場での運営スタッフや販売業務、観光案内など、お客さまと接する仕事がほとんどの我が社。日々、笑顔の大切さを伝えるだけでなく、笑顔のトレーニングもしています。

ここは少し自慢になるかもしれませんが、我が社には、笑顔の素敵な女性や男性がたくさんいます。その笑顔が素敵なスタッフが、チャンスをつかむ場面もたくさん見てきました。

笑顔でテキパキと働いていると、お客さまから声をかけられます。

学生のアルバイトであれば、「卒業したら、ウチで働かないか」と、スカウトされることもたくさんあります。女性スタッフは、「いい縁談があるけれど、お見合いしてみない？」と、声をかけられたこともあります。実際に声をかけられて、結婚にいたった人もいます。

笑顔はタダです。

「どうせなら、笑顔でお互いに気持ちよい環境をつくりましょう」と、研修などでも話をしています。

笑顔でいるというのは、ヘラヘラしていることではありません。何か頼まれたときなど、どうせやらなければならないなら、不機嫌な顔でやるよりも、笑顔で「はい」と、言えたほうが、信頼されるので、得です。

さらに好感度が上がるのは、何かを頼まれたときに笑顔で、「はい！　もちろんです」と答えてみることです。相手は、必ず笑顔になるでしょう。

笑顔は、あなたの魅力を上げる最高の武器です。相手に安心感を与えるだけでなく、相手に元気も与えることができます。

⑳否定語を使わない　――否定語は、人をネガティブにする

否定語を使えば使うほど、人は離れていく

皆さんは、相手の話を否定する言葉、「3D言葉」を使っていませんか？

「でも」「だって」「どうせ」この3つの否定語のことを、「3D言葉」といいます。

「3D言葉」を使うと、自分だけでなく、相手もネガティブにしてしまいます。

しかし、なぜ、人は否定語を使ってしまうのでしょうか。

歳を重ねたり、守るものができると、人は防衛本能が働きます。そうなると、「知らないこと」「わからないこと」は認めたくない、という気持ちが強くなります。

すると、斬新な提案が出てきても、「そうは言っても…」と、否定したくなります。

そして、否定ばかりしていると、「この人に言っても無駄」となります。

そうならないように、松下幸之助さんは、新しい提案などに対して、「そんなものは、無理」と思っても、「よいところに気がついたね」と、言っていたそうです。

すると、言った方は、「聞いてもらえた！」と、さらにやる気が高まったそうです。

また、否定語を使えば使うほど、人が離れていきます。そんな人は、「ない」と言う言葉をよく使います。

「時間がない」という言葉を使っていると、「この人を誘ったら悪いかも」と、思われて、誘われなくなります。

「興味がない」を使っていると、「この人を誘っても無駄かも」と、思われます。

「つまらない」を使っていると、「この人といると、めんどうくさい」と、思われます。

そんな人とは距離を置きたくなります。

ですので、日頃から、自分が否定語を使っていないか、考えてみるようにしましょう。

否定語を使いそうになったときの考え方

否定語を使いそうになったとき、「発想の転換ができないか」と、少し考えてみるようにしましょう。「時間がない」と、思ったとき、「どうしたら時間がつくれるか」「本当に時間がないで片づけていいのか」と、考えてみると、新しい発想が生まれることもあります。

私には、娘が1人いるのですが、娘は、福岡県久留米市の中高一貫の学校に通っています。私たちの住む鹿児島から久留米までは、かなりの距離があるので、毎朝始発の新幹線で通っています。

本人の強い意志もあり、毎日楽しく通っているようでしたが、中学を卒業して、高校に進学するときに、娘から相談があると言われました。

「高校からは、学食じゃなくて、お弁当を持っていきたいんだけど、無理だよね」

と言われたとき、「時間がないから無理」正直、こう思いました。

駅までの送り迎えをして、ただでさえ毎朝早くて、仕事も忙しくて、睡眠不足なのに、毎日お弁当までつくるなんて…。即座にそう思いました。

しかし、娘がお願い事をするなど、滅多にないので、即答せずに、友人に相談してみたのです。

すると、友人は、「あなたは、やっぱり運のいい人ね。忙しいあなたが毎朝お弁当をつくって持たせたら、娘は絶対もっとがんばる子になるわ！　しかも、お弁当をつくらせてもらえるのは、いまだけよ」

そう言われて、ハッとしました。

「つくらせてもらえる」という発想はありませんでした。そうだ、つくらせてもらえることに感謝して、早起きして、いろんなお弁当をつくろう！　そして、楽しむことにしました。

毎日、空っぽのお弁当箱を持って帰ってくる娘。帰りの車の中で、「今日もお弁当美味しかったよ。ありがとう」

そう言ってもらえると、毎日とってもうれしくて、幸せな気持ちになりました。

それがきっかけで、「お弁当は、食べる人もつくる人も幸せにしてくれる」と気づいた私は、コロナ禍、パーティーやイベントが中止になって、仕事がなくて途方に暮れていたときに、「そうだ、愛情たっぷり手づくりのお弁当を販売しよう！」と思いついたのです。

そして間もなく、フルーツパーラー「天文館果実堂」が開店する前、早朝の時間にキッチンを借りて、お弁当をつくって売ることにしました。

このお弁当が、美味しいと話題になって、たくさんの人が買いにきてくれました。バレエの発表会や部活の大会、会議のお弁当など、まとまった数の予約が入るようになり、それこそ、てんてこ舞いの毎日でした。

さらに、なんと、そのお弁当がきっかけで、いおワールドかごしま水族館のレストランや、天文館の中心地に新しくできたセンテラス天文館の図書館カフェも、運営をさせてもらえることになり、いまにいたります。

何か困難な提案をされたときに、「できない言い訳をするのか」「できる方法を考えるのか」この差が最終的には大きな違いとなります。

人生はこの選択の連続です。否定語を使いそうになったとき、思考を止めずに、「何かできることはないか」「本当にそれでいいのか」一度立ち止まって考えてみると、新しい考えがうまれ、チャンスが広がることもたくさんあります。

㉑大切にしているものを知る　——価値観がわかると、行動が理解できる

人の数だけそれぞれの価値観がある

「この人は、なぜ、こんな行動をするのだろう」と思ったときには、その人の価値観を考えると、理解できることがたくさんあります。

我が社は、女性社員、女性スタッフが多く働いています。全体のおよそ8割が女性です。結婚している人、結婚していない人、子どものいる人、いない人、違う環境の人が集まって仕事をしています。

そんな中、どんなに忙しくても、毎日17時ピッタリに帰る女性Aさんがいました。

忙しい時期になると、他のメンバーは、「ちょっとくらい残ってくれてもいいのに」と、思ってしまうようです。

そんな彼女の価値観は、「子どもが一番大切で、子どもが帰ってくるときに、家にいたい」というものでした。

いまはそう思うのですが、Aさんの価値観や労働条件を、事前に他のメンバーにもしっかり伝えておくべきでした。

しかし、私がそれを怠ったため、社内の空気が悪くなり、しばらくの間、Aさんが定時に帰りづらい日が続いてしまいました。

人が集まる場所には、人の数だけ、それぞれの事情や価値観があります。

大切なのは、お互いに相手の価値観を考えてみること、そして、チームとして必要な情報は、共有するということです。

それをしっかり伝えると、周りのみんなも16時50分くらいになれば、「そろそろ帰る準備をしたほうがいいよ」と、Aさんに声をかけてくれたりするようになったのです。

相手の行動だけを見ていると、イラッとすることもたくさんあります。しかし、行動の下には価値観があって、価値観がわかると、安心することもたくさんあります。

こんなこともありました。みんなと話をしていても話の輪に入ってこない、男性のスタッフがいました。周りは、その男性のことを、人付き合いが苦手な人だと思っていました。しかしその男性は、確かに話はしませんが、イヤな顔もしていないようなのです。

あるとき、女性スタッフが彼に尋ねました。

「私たちと話をするの、つまらない？」

返ってきた答えは、

「そんなことないですよ」

そこでまた彼女は、言いました。

「でも、話に入ってこないよね？」

彼は、

「僕、話を聴くのは好きですが、話すと余計なことを言いそうで。それに入る隙間もないくらい、皆さん楽しそうに話されてるから」と笑いながら答えました。

「そうだったんだ。私たちのことが嫌いなわけじゃなかったのね」

その会話でみんなが安心しました。価値観がわかると、それだけで安心できます。だからこそ、価値観を知って、その人が大切にしているものを知ることが大切なのです。

大切にしているものと向き合う

自分自身も、大切にしているものと向き合うことが大切です。わからなくて日々流されるのではなく、「私は何がいちばん大切なのか」と自分が大切にしているものと向き合うと、自分の価値観もわかります。自分の価値観がわかると、優先順位もわかります。

また、大切にしているものは変わります。

私自身、経営者になりたてで、独身だった20代は、会社や仕事がいちばん大切だった時期もありました。その後、結婚して、妊娠中は家庭がいちばんでしたし、子どもが小さいときは、子どもがいちばんの時期もありました。

ある男性の講師が、研修の中で、結婚して子育てをしながら働いている女性を前に、「お金と家族、どちらが大切ですか？」と、尋ねました。

すると、女性たちは「もちろん、家族です」と、みんな答えました。

「では、お金と夫だったら？」と尋ねたら、みんな笑って、「お金！」と、答えたのです。

半分冗談だと思いますが、単語を変えてみるだけで、価値観が変わることもあります。

たまには、ゆっくりと時間をつくって、「私は、何が大切なのか」「何を大切にしなければならないのか」と自分と向き合って考えてみると、新しい自分を発見できたりもします。

子どもが小さいときは、子どもが中心でも、「子どもが成長したあとは、どうしたいのだろう」などと考えると、仕事も大切になったりします。

まさに、高校卒業まであと1年になった娘を見ながら、私自身も、これからの自分についてワクワクしながら思案しています。

第4章　人の夢を手伝う

㉒人の夢を応援すると自分が成長する　――夢を語ると、人は元気になる

自分を鼓舞することができる

学生、フリーター、主婦、ダブルワーク、そしてシニアや障がいのある人、外国人などあらゆる属性の人が働いている我が社。10代～70代まで、個性豊かな仲間が、活躍しています。

仕事を通してご縁があった仲間ですが、彼ら、彼女たちの夢を引き出すのも、私の仕事です。なぜなら、夢や目標を持つと、働くことやお金を稼ぐことにも、意味が出てきます。

そして、意味を持つようになると、前向きになります。

多少、仕事がきつくても、「夢の実現のためにもう少し頑張ってみよう」「お金を貯めたら、もっと自己投資してみよう」などと、自分の仕事に意味を持たせて、自分を鼓舞することができるようになります。

パーティーコンパニオンの仕事は、とても高いレベルのサービススキルが求められる仕事です。研修や現場では厳しい指導もしますが、普通には中々お目にかかることのできないＶＩＰのお客さまへの接客やサービスを通して、多くを学んでいきます。

なにを隠そう、私も高校卒業後、18歳のときにした、初めてのアルバイトが、実家のパーティー

コンパニオンの仕事でした。

当時、現会長で創業者の母が経営していたのが、パーティーコンパニオンの請負事業の清友です。初めてお金をもらって仕事をした現場が、パーティーコンパニオンの仕事で本当によかったと心から思います。

母の厳しい指導の元、サービス業の基礎とおもてなしの大切さを学ぶことができて、間違いなくいまの私があります。

現在も、パーティーコンパニオンとして活躍するメンバーの中には、将来はＣＡや秘書、看護師になる夢や目標をもつ学生も多く働いています。

フルーツパーラーやカフェ、レストランなどの飲食事業のメンバーには、モデルやタレント志望の子もいます。

急なオーディションや撮影などにも、シフトを調整して対応できるので、夢を叶えながら、安定した収入を得ることができます。それを、各事業部の社員が連携しながら、サポートしています。

デモンストレーションや、イベント、コールセンターなどで働いているメンバーは、生活費や、学費、就職活動の資金を稼ぐため、また、子どもの習い事や家族旅行、自分自身の学びに使うために稼いでいます。

１人ひとり、働く目的や、夢、目標はそれぞれです。

だからこそ、私は1人ひとりに「あなたの夢は何ですか？」と聞くようにしています。

いきなり、具体的な夢が出てこなくても、「稼いだお金で何かしたいことは、ある？」などと尋ねているうちに、ぼんやりとしていた夢が、だんだん明確になっていきます。

夢を話してくれたら、可能な限り、その夢を応援したいと思っています。自分の夢を応援してくれる人がいると思うだけで、人は頑張れるからです。

1人ひとりのメンバーに聞くと、「いつか東京に行って活躍したい」という夢もありました。

また、「海外留学して、勉強したい」「車を買いたい」なんて夢もありました。

そして、夢を聞いたとき、「そのためには、いくら必要？」と、さらに尋ねて、一緒に費用を考えたりすることもあります。

すると、もっとお金を貯めたいと、たくさんシフトに入ることを希望する人もいます。

何よりも、私自身が夢を持って働いている人と一緒にいるだけで、元気になれます。

夢を応援できる人になる

私はかつて、「美人ビアガーデン」とエンターテイメント居酒屋「Happy Dining 虹家」を運営していました。

そこでは、毎晩ステージショーやイベントを企画していました。

そんな中、「アイドルになりたい」「タレントになりたい」「モデルになりたい」「歌手になりたい」と言うメンバーがたくさん集まってきました。

そこで、我が社のエンターテイメント事業部を通して、メンバーを鹿児島のテレビ局や、ＦＭ・ＡＭラジオ局の番組や、ブライダルショー、テレビＣＭなどに紹介したり、福岡・東京の提携先プロダクションを紹介しました。

もちろん、私が紹介したからといって、メディアに出られる確約はありません。厳しいオーディションを勝ち抜かなければならないので、実力はもちろん、メンタルの強さ、そして外面と内面の輝き、人間力などが必要です。

ですので、タレントの卵たちには、ウォーキングやポージング、ダンスレッスン、メンタルトレーニング、外面・内面を磨くための魅力学レッスンも定期的に開催してきました。

できるだけ無理なく参加してもらうために、レッスン料は無料にして開催をしました。

それもあって、夢を持っていたやる気のあるメンバーがたくさん集まってきました。日々、泣いたり笑ったりしながら、私も一緒にみんなの夢を追うことができました。

タレントを育成し、プロダクションを運営して思ったことは、「人の夢を応援するためには、自分に人脈がなければ応援できない」ということでした。

そこで、私も人脈を広げる努力をしました。

みんなのためにと思って広げた人脈ですが、タレントが注目され話題になると、結果としてお店も話題になり、全国から取材がひっきりなしに入るようになりました。

おかげで、美人ビアガーデンも虹家も広告費は0で、取材してもらうことができました。また、来たお客さまが、ＳＮＳや口コミでどんどん広げてくれたのです。

人の夢を全力で応援していると、その結果、周りの多くの人にも応援してもらえるということを学びました。

実際に夢を叶えて全国でメジャーデビューした子たち、フリーランスになり鹿児島や九州でタレントとして活躍している子たち、またいまでは結婚や出産を経て、ママタレントとして、楽しみながら好きな仕事をしている子たちもたくさんいます。

そんな子たちが、ときどき会社に遊びにきてくれます。

「あのとき、社長に背中を押してもらって頑張れました」などと言ってもらうと、とってもうれしい反面、「私も、まだまだ輝いていないと！」そんな気持ちにさせてくれます。

「夢をなかなか持てない」と、いう人もいます。

そんな人には、

「どんな小さなことでもいいのよ！『こんなことしてみたい』、『こんな人に会ってみたい』からはじめてみましょう！」

と話をしています。

夢を持つことで、誰でも、いつからでも輝くことができるのです。

㉓「美人ビアガーデン」と「セブンカラーズ」——すべては美人時計からはじまった

お客さまに喜んでもらおう

かつて「美人時計」という、インターネットコンテンツがありました。

「あなたは、1分間で恋に落ちる」のキャッチコピーで、３６０人の美人が1分ごとにその時間を書いたボードを持って登場する、インターネット上の時計です。

私は「おもしろそう」と、フランチャイズの募集に手をあげました。

「美人時計鹿児島」として、たくさんのメディアに取り上げてもらいました。

撮影会には、たくさんの美人が集まってくれて、「美人時計」というテレビ番組まで放送されるくらい盛り上がりました。

ところが、話題にはなっているし、盛り上がってもいるのですが、売上がついてきません。鹿児島ではまだそのころ、インターネット広告に予算をつける会社は少なく、やればやるほど、赤字が膨らんでいきました。

このままの状態が続くと、本業にも影響がでてしまう…

悩みに悩んで思いついたのが、美人時計にでている女の子が働くビアガーデン、「美人ビアガーデン」でした。

ただ、いきなり自分たちで一からお店をオープンするのは、あまりにリスクが大きかったので、企画と美人キャストをセットで持ち込み、既存のビアガーデンにコラボしてもらうかたちで、商談にまわりました。

みんな「おもしろそう」とは言ってくれるのですが、いままで例がないので、なかなかいい返事がもらえませんでした。

そんな中、唯一「おもしろそうだし、やってみないとわからないからね！　とりあえず6月の1か月だけやってみましょう」と返事をくれたのが、地元の老舗デパート・山形屋のグループ会社が運営する、レストラン「ポルトカーサ」でした。

しかも、それは、桜島が目の前に見える、海沿いの商業施設、ドルフィンポートの2階のテラスという最高の立地でした。

私たちは、ポルトカーサのスタッフと、お客さまに喜んでもらおうと、必死で企画を考えました。

働くキャストたちの衣装を考え、教育までを急ピッチで仕上げました。

与えられたチャンスはわずか1か月。

この1か月で結果を出すために、やれることはすべてやりました。美人時計で運用しているSNSを使って拡散し、プレスリリースをつくり、鹿児島じゅうのメディアに情報発信をしました。

「6月限定　美人ビアガーデンOPEN」

本来なら、梅雨どきはビアガーデンにお客さんが集まりにくいのですが、告知からわずか3日で1日300名の予約が、1か月間分、すべて埋まったのです。

1日の営業時間が18時～22時のわずか4時間だったこともあって、雨の中でも、連日満席の店内は、お客さまの笑顔と掛け声であふれました。

あのときは必死で、ただ目の前にあるチャンスを最大限に活かすことしか考えられませんでした。

ただ、いま思うと、インターネット上の美人時計にでている女の子に会えるということと、「美人ビアガーデン」というインパクト大のネーミング。そして、1か月という期間限定での実施など、うまくいくポイントが重なっていたようです。

おかげで、翌月からは、天文館の商業ビルキャパルボ3階のパーティーホール「HINATA」とのコラボで美人ビアホールがはじまり、さらに翌々月からは、「ポルトカーサ」とのコラボも再スタートしました。

九州各地のイベント会場にも呼んでいただき、「出張美人ビアガーデン」としても盛り上がりました。

インパクトとネーミング勝負ではじまったビアガーデンですが、県港湾有休土地を活用した定期借地での事業であったドルフィンポートが営業を終えるまでの8年間、全国各地からお客さまがやって来て、リピートしていただき、大盛況の中、幕を下ろすことができました。

美人ビアガーデンを長年支えていたのは、間違いなく、現場で働く美人キャストの魅力です。

「来たときよりも、笑顔で元気になって帰ってもらう」、これが美人ビアガーデンの合言葉でした。毎日満席で忙しい中、彼女たちは笑顔を絶やさず、そして元気いっぱいの掛け声で接客を続けました。そんな彼女たちのファンになってくれたお客さまが、毎週、毎月、そして毎年通ってくれたのです。

私は、美人ビアガーデンを運営したことで、ビールや料理も大事ですが、何よりも大事なのは、その場の空気をつくる人の魅力とエネルギーなのだと学びました。

そして、この美人ビアガーデンには、その後があります。

「夏が過ぎても、彼女たちに会える場所が欲しい」

と、お客さまに背中を押されて誕生したのが、エンターテイメント居酒屋「Happy Dining 虹家」なのです。

私、アイドルになりたいです！

ある日、「美人ビアガーデン」に来たお客さまがこう言うのです。

「どうせなら、ここでキャストのみんなの歌とかダンスのステージの時間があるとうれしい」

正直、私は、「お酒の席で、働いているキャストたちに歌わせるなんて…」と、まったく気乗りしませんでした。

しかし、一応、働いているキャストの子たちに、「お客さまからこんな要望があるんだけど、どう？」と話をしました。

すると、それを聞いたキャストたちの反応は、意外にも「やりたいです！　ぜひ、やらせてください」というものだったのです。

のちにセブンカラーズの初代リーダーになる「ひかりん」こと山口ひかりは、

「私、アイドルになるのが、夢なんです」

彼女の言葉に、お客さまはもちろん、なにより頑張ってくれているキャストの夢を叶えてあげたい!!　私のスイッチが入りました。

やると決めたものの、私はアイドルにまったく興味がありませんでした。そんな私が、いきなり、ご当地アイドルのプロデュースをすることになったのです。

メンバーと話し合いながら、鹿児島県で№１のご当地アイドルを目指して活動がスタートしました。

結成当時は、美人ビアガーデンで活動していたので、「美人ビアガールズ」という、わかりやすいグループ名でスタートしました。

毎日、歌って、踊って、お客さまによろこんでもらうと、日に日にファンが増えて、地元に愛されるアイドルグループになっていきました。祭りやイベント会場でのステージ出演や、テレビやラジオへのゲスト出演、ついには企業ＣＭにまで起用してもらいました。

そんなとき、広告代理店からこんな相談がありました。

「彼女たち、かわいいし、人気もあるし、これからとても楽しみなんだけど、グループ名って変えるの、難しいですか?」

ビアガールズというネーミングは、企業によってはＣＭなどに起用しにくい場合があります。

それを、メンバーに相談した結果、グループ名を変更することになりました。

このときに誕生したのが、「Seven Colors」セブンカラーズです。

みんなの笑顔と笑顔の架け橋になりたいというメンバーの想いから、虹をイメージした名前にしました。

セブンカラーズのパフォーマンスを見るため、たくさんの人がビアガーデンに来てくれました。

ビアガーデンの季節が終わっても、ホームをエンターテイメント居酒屋「Happy Dining 虹家」に移して活躍しました。

ここには、彼女たちの夢を叶えるために「ヲタク」と呼ばれるファンが、全国から毎週集まり、新たなコミュニティーができました。

コロナの直前まで、「虹家」では毎晩、ステージや楽しいイベントが繰り広げられました。

㉔「薩摩こんしぇるじゅ。」と「かごしまchaガール」——地域を元気にしたい

彼女たちの夢を応援していると夢がさらに広がる

美人時計から、たまたまスタートしたアイドルのプロデュースですが、「ご当地アイドルになりたい」

そんな女の子も、たくさん出てきました。

彼女たちの夢を応援していると、さらに集まってくる子たちの夢もどんどん広がってきました。

「鹿児島を元気にしたい！」

その1つが、鹿児島の歴史や文化を学び、街歩きを通して鹿児島のよいところを伝える「薩摩こんしぇるじゅ。」です。

「薩摩こんしぇるじゅ。」が案内する街歩きツアーも、人気を集めました。彼女たちの活躍は、全国のメディアにも取材されました。

これまで、街歩きのガイドというと、一部のベテランと、定年退職後のボランティアガイドがほとんどでした。

その中に、これからの鹿児島を担う若い人たちが加わることで、鹿児島を学び、鹿児島をいま以上に好きになってくれる人が増えてほしいと思ったところからスタートしました。これには、たくさんの人が賛同してくれました。

また、鹿児島について学びたいという若い子たちが、あちこちから集まってくるようになりました。「薩摩こんしぇるじゅ。」になるために、わざわざ徳之島から鹿児島市内に引っ越してきた子までいました。

「薩摩こんしぇるじゅ。」に続いて誕生したのが、鹿児島茶をＰＲする「かごしま cha ガール」です。

鹿児島県は、静岡県に次いでお茶の生産量が全国第2位です。

知覧茶や霧島茶、えい茶など多くの地域で、品質のよい銘柄のお茶を生産しています。

「かごしま cha ガール」は、それら鹿児島のお茶を全国各地に広めていきました。

「薩摩こんしぇるじゅ。」も、「かごしま cha ガール」も、共通するのは、鹿児島が大好きということです。

「全国、そして世界中の人たちに鹿児島の素晴らしさを伝えたい！」その一心で、日々学び、活動しています。

「薩摩こんしぇるじゅ。」が立ち上げられたのは、明治維新150周年を迎える3年前の2015年でした。

大きな節目を迎える準備をすすめながら、あっという間に2018年を迎えました。

この年には、NHK大河ドラマの「西郷（せご）どん」も放送され、その後、あらたに「かごしま まちなか おもてなし隊」も誕生しました。

「かごしま まちなか おもてなし隊」は、1年間、NHK大河ドラマ館の会場でのステージ運営や、観光客のおもてなしを担当しました。

どのチームにも、学びの機会や教材、講師の準備は我が社で手配したり、提供したりしますが、最終的に本気で学ぶかどうかは本人次第です。

ただ、彼女たちは、与えられた機会や環境以上に深く学び、その学んだことを共有しながら、メンバーの輪をどんどん広げていきました。

そんなメンバーをそばで見ながら、与える環境と、軸となるリーダーによる影響は大きなものがあることを実感しました。

中心にいるリーダーの学ぶ姿勢が、後輩たちに自然と伝わり、そしてその想いや姿勢に共感する人たちがさらに集まってくる。まさに、プラスの連鎖です。

こうなってくると、会社側のマネジメントは最小限で済みます。そういう意味では、私は若い子たちを含めて、人に恵まれているとつくづく思います。

地域を巻き込む

「薩摩こんしぇるじゅ。」や「かごしまcha ガール」の女の子たちの人気は、うなぎのぼりでした。一生懸命に学び、お客さまへのサービスについても、頑張っていました。

しかし、彼女たちはまだまだ素人です。知識も経験も足りず、わかっていないこともたくさんありました。

それを補ってくれたのが、プロガイドや、ボランティアガイドの人たちです。

私は、人生経験豊富な先輩方に、「我が社のメンバーは、まだまだ素人です。彼女たちの指導をお願いできませんでしょうか」と、講師になっていただきました。

「薩摩こんしぇるじゅ。」のメンバーは、プロガイドや、ボランティアガイドの教え子になり、歴史や文化、礼儀などを学びました。

プロガイド、ボランティアガイドの皆さんは、とても丁寧に教えてくれて、面倒も見てくれました。

私たちの仕事は、奪い合いではありません。

「鹿児島を元気にしたい」

「鹿児島を盛り上げたい」

その気持ちは、みんな同じです。その結果、相乗効果を生み出すことができました。

ベテランの人たちに支えられて、未熟だった女の子たちは成長してくれました。

なによりも、歴史は奥が深いです。まだまだ私たちの知らないこともたくさんあります。私も、彼女たちも一緒に、歴史と文化を勉強しています。

そして、長かったコロナが明け、少しずつですが鹿児島の観光も動き出し、彼女たちの活躍の場が戻ってきています。

きっと、これからますます輝いて鹿児島に貢献してくれると思います。

㉕ワクワクする職場をつくる
――ワクワクする仕事があると、人は続けられる

仕事の継続につながる

我が社は、総合人材サービスの会社です。人材派遣、人材紹介、人材プロデュースに、人材育成

などを行っています。

「人」が大切な商品であり、財産なので、人が働きたいと感じる仕事内容や職場であることが大切です。

しかし、現実はそんなに甘くはありません。カスタマーハラスメントもときにはありますし、きつい現場もあります。一見、綺麗な職場でも、嫌なことや、辛いことは山ほどあります。

美しい衣装や、華やかな現場に憧れて来たとしても、「こんなはずじゃなかった」と言って、辞めていく人もたくさんいます。

だからこそ、ワクワクする仕事内容や、職場にこだわっています。1日でも長く、我が社で働いてもらうには、ワクワクや憧れが大切です。

いままで会えなかった人に出会える。いままで行ったことのない場所に行ける。いままでしたことがない経験ができる…。ひょっとしたら、思わぬチャンスがあるかもしれない。そんな可能性が提供できる職場でありたい、そう思っています。

ですので、働いているメンバーから、「こんな仕事がしてみたいんです」と言われたら、まずは、事業部の垣根を越えて、派遣先でそのような仕事がないか、探します。

もし、なかった場合は、グループ会社でそのような仕事ができないか、もしくは、その仕事に近づける仕事はないかを探してみます。

それでもどうしても当てはまる仕事がない場合は、他社であっても、可能な範囲で紹介するようにしています。

ワクワクする仕事や、場所は人によって異なります。いま働いている職場がどうしても合わなければ、無理に働いてもらうのではなく、別の場所で働いてみるのも1つです。そのために、我が社では多種多様な仕事、職場を準備しています。

合わない仕事を無理矢理続けさせても、遅かれ早かれ辞めていってしまうのです。それなら、本人がワクワクできる仕事に移ってもらうほうが、本人にとっても会社にとってもＨａｐｐｙなのです。

人によっては、いきなり現場に入るのではなく、まず見学に行ってもらい、次に3日ほどの体験をしてから、決めてもらう場合もあります。

心配症で真面目な人には、心の準備になりますし、仕事の継続率にもつながります。

とことん職場環境にこだわる

ワクワクする職場にするために、職場環境にもこだわっています。我が社の本社は、天文館という鹿児島の中心地にあります。目の前は市電も通っていて、誰でも簡単に来ることができます。

さらに、派遣先の働く場所も一流ホテルなど、華やかな場所が多いです。

ほかにも、直営店舗は、天文館の商店街の中や水族館、鹿児島のランドマークのセンテラス天文館など、ワクワクする場所にたくさんあります。

立地条件以外にも、本社ビル内には働くスタッフの子どもを預かるキッズルームもあります。働く人によろこんでもらえるよう、必要な環境の整備は、可能な限り行っています。

また、働く人たちの雰囲気も、とても大切です。本社ビルは1階から5階まですべて、グループ会社が使用しています。

ですから、本社社員の他にも、グループ各社の社員、スタッフや利用者さん、放課後等デイサービスに通う児童、業社さんなどさまざまな人が出入りします。

すれ違うときには、かならず「こんにちは」や「お疲れさまです」と、自分が知らない人にもあいさつをするようにみんなで心がけています。

夕方には、放課後等デイサービス利用の子どもたちが、学校から次々に帰ってきます。その時間は、「おかえりなさい」と笑顔で迎えます。

そして、各現場が終わって会社に帰ってきたスタッフには、みんなで「お疲れさま」と、ここでもみんなが笑顔で迎えるようにしています。

「寒かったでしょ。温かいコーヒーとお菓子があるよ」と、労ったりもします。

その心づかいで、疲れが和らぐこともあります。

確かに、「キレイ」や「便利な場所」という職場環境も大切です。

しかし、それ以上に、「私は、ここで大切にされている」「私は、ここで必要とされている」「僕、ここにいてもいいんだ」と、思ってもらえる職場環境をリーダーがつくることが、なにより必要です。

㉖夢は人を元気にしてくれる　――「ＷＡＮＴ」は、エネルギー

やりたいことがみつかると大きなエネルギーになる

なぜ、私が夢を持つことをすすめるのか、なぜ、人の夢を応援するのか。その理由は「ＷＡＮＴ」にあります。

「ＷＡＮＴ」、つまり「欲しいもの」は、人のエネルギーになります。

私自身、経営者をしていると、辛いことも、悲しいこともたくさんあります。資金繰りに困ることもあれば、人に裏切られることもありました。また、自分のいたらなさで、大切な部下が去っていったこともあります。

それでも、いつも立ち直れたのは、そのときそのときで新しい「夢」があったからだと思います。

「美人時計」の鹿児島でのフランチャイズをはじめたときも、「これで、鹿児島も元気にできて、我が社も潤う」と、一石二鳥を期待しました。

しかし、思うように広告を集めることができず、やればやるだけお金だけが出ていきました。不

安でどうしようもなくなり、悩みに悩みました。

最終的に、あるもので何ができることはないか、とことん考えた末に、「この子たちと、鹿児島でたくさんの人が笑顔で元気になれる場所をつくろう」と、「美人ビアガーデン」を考えた頃から毎日が楽しくなり、結果的に、私が一番元気になりました。

大人気のフルーツパーラー、「天文館果実堂」をつくったときも、鹿児島にはフルーツパーラーがなかったので、「鹿児島の人がよろこんでくれて、おいしいフルーツパフェが食べられるお店をつくりたい」

という夢がありました。

これは、私と妹たちにとって、長年の夢でした。

夢を見つけることができると、ワクワクします。多少きついことがあっても、楽しむことができます。

やりたいこと、すなわち「WANT」が見つかると、それが大きなエネルギーになります。

人が成長する瞬間

人はどんなときに成長するのか。私は、ずっと考えてきました。

そしてわかったのは、まずその人自身が、「なりたい自分を、ハッキリ思い描く」ことから成長がはじまる、ということです。

私もですが、人は「自分が願ったことや、思い描いたことを、自分で言葉にしたとき」に元気になります。

「アイドルになりたい」「アイドルになるのが夢でした」と言った子が、その日から、いままで以上に元気に現場に行くようになりました。

「お金を貯めて海外に行きたい」と言った学生が、いままで以上によく学び、さらに難しい仕事にチャレンジして、アルバイトの回数を増やして頑張るのを見てきました。

自分の夢だけでなく、人の夢で元気になったり、成長する人もいます。

「生活費のために仕方ないから働く」と、最低限の仕事しか望んでなかった主婦が、「子どもの夢を叶える私でありたい！」と願い、「子どもが東京の大学に行きたいと言うので、もっと頑張ります」と、キャリアアップを考えるようになり、いままでと違う仕事までやるようになりました。

夢を持つと、いままで以上にできることを考え出します。「人脈を持つ」「知識を増やす」「資格をとる」などさまざまですが、結果として、その人が成長することになります。

私は、このような人が成長する瞬間をたくさん見てきました。

だからこそ、ご縁のあったみんなが、

「なりたい自分をハッキリと思い描く力を持つこと」

「なりたい自分について話せる場所があること」

「なりたい自分に近づける環境、周りが応援できる環境があること」

私は、この3つを大切にしています。

㉗応援の技術　——どんな言葉で応援すればよいか

どんな状況か知って声掛けする

かけてもらってうれしい言葉は、人によって違います。

「頑張って」と励ましてもらうことがうれしい人もいれば、「あなたならできるよ」と自信をつけてほしい人もいます。

また、「甘えていたらダメよ」と厳しい言葉をかけられて発奮する人もいます。

これらの言葉は、かけられる時期とタイミングによっても違ってきます。

最初は、背中を押してほしかっただけの人でも、上手くいきだすと不安になって、もっと厳しい言葉をかけてほしいときもあります。

逆に心が弱っているときは、優しい言葉がほしかったりします。

私は、何かをはじめるときは、やはり「明子さんならできるよ」と言ってほしいです。しかし、軌道に乗り出したあとでは、さらにステップアップするためのアドバイスがほしくなります。

一方で、つまずいて落ち込んでいるときは、「大丈夫！　誰でもそんなときがあるよ」などの温かい言葉がほしくなります。

人を応援する場合、その人がいま、どんな状態なのかを知って声かけすることが大切です。

そのためにも、「いま、どんな感じ？」などの質問をして、日々コミュニケーションをとるようにしています。

そっと見守ることも大切

夢を持って突き進んでいるのに挫折する、ということもよくあります。

また、本人がその気でも、家族の反対にあうこともあります。

特にモデルやタレント、アイドルを目指すことは、生やさしいことではありません。オーディションで選ばれるひと握りのメンバーがいれば、その裏には選ばれない大多数の人がいます。

たとえ、今回は選ばれなくても、悔しさをバネにして頑張れる人もいれば、そこで夢を諦める人もいます。

「あきらめないで」と言うのは簡単ですが、諦めなければかならず成功する世界でもありません。

結局、答えを出すのは本人です。そんなときは、黙って見守るしかありません。

また、本人がその気でも、家族の反対にあうこともたくさんあります。「アイドルになるために、ダンスの勉強をしたい」と本人が希望しても、両親は「そんな暇があったら勉強しなさい」と言うこともあります。

そうなると、これは本人と家族の問題になります。家族を説得して前に進む人と、家族を説得できずに諦める人もいます。それも私たちには見守ることしかできません。

また、彼氏や彼女ができたことによって、思い描いていた夢を諦める人もいます。そんなときも見守るだけです。

「才能があるのにもったいない」と思うこともあります。

しかし、答えを出せるのは本人だけです。私たちはあくまでも彼ら、彼女たちの職場のパートナーです。それでも、本人が納得して答えを出せるように、話はしっかり聴きます。成長する人を温かく見守ることが、リーダーには求められるのです。

㉘人の幸せを祈れる人になる　——まずは、自分の幸せから

自分の心に余裕がないのに、人のことを考えられない

自分が幸せでないのに、本気で人の応援をすることはできません。逆に自分が心から幸せであれ

ば、幸せのおすそわけをしたくなります。ですから、まずは自分の幸せにこだわることが大切です。自分が幸せだと、心の余裕が出てきます。心の余裕があると、人の幸せを素直に応援できます。たとえば、多くの人は、自分にお金がないと、お金のある人のことがうらやましくなります。そして「私もお金がほしい」と思うのは当然のことです。

しかし、お金があれば、「このお金で、困っている人を助けよう」という気持ちになります。もちろん、世の中には、自分が貧しくても、人のためにお金を使える人もいます。しかし、なかなか普通の人には難しいでしょう。

お金に限らず、心の余裕や時間の余裕も同じです。自分の心に余裕がないのに、人のことを考えられませんし、自分の時間がないのに、人のために時間をとれません。

一方で、お金も心も満たされていて、時間に余裕があると、人のために動こうという気持ちになります。私の応援をしてくれる経営者の人たちは、そんな人ばかりです。

ですから、私が落ち込んでいたりすると、その気持ちを察して、食事に誘ってくれたりします。そして、私の話を聴いてくれます。私もそんな人でありたいと、常に思っています。

自分の幸せを考える

人を応援できる人であるために、みんなが自分の幸せにこだわってほしいと思います。

私は、日ごろから、「どんなときが幸せ？」などの質問を、スタッフや仲間によくするようにしています。

たいていは、「美味しいものを食べているとき」「家族旅行に行っているとき」「寝ているとき」など、たわいもない答えが返ってきます。

しかし、その答えの内容よりも、常に幸せを考えることが大切だと思っています。

日々流されていると、自分の幸せをじっくりと考えることもありません。ましてや、小さな幸せに感謝することも少ないです。

ところが一転、病気などをすると、健康な自分が、いかに幸せなのかを思い知らされます。ちょっとしたことにも感謝の気持ちが生まれます。感謝すると、不思議と心にも余裕が出てきます。

すると、「自分のことばかり考えていたなぁ」などと、反省の気持ちを持つようになり、人を思いやることができます。

本書を読んでくれている皆さんも、是非、ほんのちょっとの時間でよいので、たまには、自分の幸せについて考えてみてください。

「どうなったら私は幸せか」

「どんなときに満足しているか」

どんな小さなことでも構いません。ハッと気づくことがあるかもしれません。

第5章 魅力的な人になる

㉙人は魅力的な人についていく　――魅力的な人はどんな人か

憧れの人になる

たくさんの人に応援されて、芸能界で売れているアイドルグループや役者さんなども含めて、人は魅力的な人についていきます。

だからこそ、リーダーや上司といった人の上に立つ人は、常に自分の魅力を上げていく必要があります。

ただ、ひとくちに魅力的と言っても、その基準は人によってさまざまです。

研究者なら、いままで誰も明らかにすることができなかったような、すごい研究をしている人が魅力的に感じます。

独立を目指す人なら、若くて上場した社長が魅力的にうつりますし、女性なら、何カ国語も話せて接客の素敵なＣＡが魅力的だと感じるかもしれません。

いずれにしても共通しているのは、「憧れの人になる」ということです。ですので、自分はどの分野で魅力を発揮できるのかを見つけることも大切です。

面接などでは、「なぜ、その会社に入社したのですか？」と尋ねることがあります。

その際に、「会社の説明をしていた方がとても素敵だったからです」という回答が返ってくることがあります。

逆に会社を辞める社員に「どうして、その会社を辞めることにしたのですか？」と聞いてみると、「魅力的な上司がいなかったからです」と言われたりします。

そのくらい「魅力」というものは重要なのです。

だからこそ、「部下にとって自分は魅力的かどうか」しっかりと向き合ってください。

たまには、部下に対して、「どんな上司にあこがれる？」と質問してみてもいいかもしれません。

私も、いつもあこがれの上司でいたいと思っています。なので、日ごろから「魅力的な人はどんな人か」を研究しています。

自分にとって魅力的な人に出会えたら、どこが魅力的だと思ったのかをメモしたり、直接話を聞いたりするようにしています。

それらの研究をもとに、「魅力学」の講師として、講座で受講生に伝えています。

魅力的な人になる

「あこがれの上司がいたから、あの会社で長く働かせていただきました」

そう言う人がたくさんいます。

実際、研修会社などのリサーチでは、「仕事のモチベーションが上がるときはいつですか?」という質問に対して、「あこがれの上司と出会ったとき」「大好きな上司がいたとき」というものもたくさんあります。

私は、雇用の観点から、「魅力学」研修などでは「部下に会社で長く働いてもらうためにも、リーダーや経営者はあこがれの存在であってください」と伝えています。

なによりも、魅力的な人の話は、素直に聞くことができます。

魅力的な人の言葉は、素直に相手の耳と心に入ります。なぜなら、そこには「好き」や「尊敬」といった感情があるからです。

嫌いな人の言葉は、どんなによい内容でも入ってこないのに、「好き」や「尊敬」する人の言葉は素直に入ってくるのです。

また、日常の人材育成とは別に、ときどき、普段とは違う人から伝える機会をつくるのも、ひとつです。

たとえば、私が社内で繰り返し「お客さまの立場になって考えて行動してください」と言っていても、聞き流されたりします。

社員にとって、普段から一緒にいる社長は親みたいなもので、「また、言っているよ」くらいにしか受け止めてもらえません。

しかし、みんながあこがれる有名な講師を外部から呼んできて、その講師が「お客さまの立場に立って考えることが大切です」と言えば、講演や研修が終わったあとの感想文で、「お客さまの立場に立って考えることの大切さがわかりました」などと書かれていたりします。

つまり、何を言われるかよりも、誰から言われるかが大切だったりします。

だからこそ、上司やリーダーは、「この人についていきたい」と思われるような、あこがれの存在になってほしいのです。

㉚おしゃれも魅力の１つ　――清潔感は、おしゃれの基本

態度や衣装を意識する

特別に高価なものや、ファッション雑誌に出てくるような服を着る必要はありません。大切なのは、清潔感です。

清潔感さえあれば、少なくとも相手に不快な思いをさせることはありません。

逆にどんなにファッションのセンスがよくても、肩にフケがついていたり、カッターシャツの袖口が汚れていたらもったいないです。

ですから、清潔に見えるように気を遣ってください。

ある経営者は、自分が汗かきなのをわかっていて、常に着替えを持っているそうです。「汗びっしょりで、背中などが濡れているのを見られたくないから」と言うのです。

女性の場合は、汗で化粧が流れ落ちて、襟などが汚れることがあります。そうならないように、こまめに汗を拭くなどして気を遣っている人もいます。

私は、汗ばむ季節になると、かならず汗拭きシートや制汗剤をポーチに入れて持ち歩くようにしています。

これは、まわりのためでもありますが、自分が快適に仕事をするためでもあります。

それに、服のシワなども見る人は見ています。最近は、シワにならない素材の衣服も多いので、面倒な人はそういった素材を選ぶのも1つの方法です。

清潔感は、衣装だけではありません。爪の手入れや、ハンカチを持ち歩くことなども大切です。

また、貧乏ゆすりをするなどの態度が原因で、清潔感を失うこともあります。魅力的な人であるためにも、態度や衣装を意識してください。

自分に合ったおしゃれにチャレンジ

やはり、着こなしなどがおしゃれな人は、素敵です。そして、その気になれば、人は誰でも魅力的な外見になれます。

人の第一印象は0・4秒で決まると言われています。

0・4秒は、ほんの一瞬ですから、目から入る情報だけでその人の第一印象は決まってしまう、ということです。

皆さんは、第一印象はよいほうですか？　悪いほうでしょうか？？

第一印象は、よいほうが得をします。第一印象が悪いと、そのイメージを拭い去ることから人間関係がスタートするので、打ち解けるまでに相当な時間がかかります。

見た目で得する人もいれば、損をする人もいます。

できれば、見た目で損をしないでほしいと思いますので、セミナーや講演では、「見た目」の大切さについても、話をしています。

最近では、ファッションコーディネーターにアドバイスをもらう人も増えています。かつて、スタイリストといえば、タレントのものというイメージでしたが、いまでは、スタイリストをつけるビジネスマンや経営者も増えました。

当たり前のことですが、スタイリストはプロです。その人の魅力を引き出す色や衣装をアドバイスしたり、考えてくれます。買い物にもつきあってくれます。

また、スタイリストにもよりますが、かつてほど高価でなく、手頃な値段で頼むことができます。

実際、私の知人は、独立開業してから、会うたびにおしゃれでセンスのよい服を持つようになりました。特別高価なものを着たり持ったりしているわけではないのですが、何かオーラが出てきたのです。

そこで、尋ねてみたところ、やはり、スタイリストを頼んでいました。

ファッションやセンスに自信のない人は、スタイリストに頼ってみるのもよいかもしれません。

㉛仕草に気をつける——仕草や態度は見られている

スマートな動きが周りにいい印象を与える

一流ホテルや企業への派遣、パーティーや結婚式での受付やドリンクサービスなど、特におもてなしが必要な場面にスタッフを送り出す機会の多い我が社では、仕草にもこだわって指導しています。

特に、パーティーや結婚式の参加者にとって、そこは特別な場所です。接客するスタッフが、その場を台無しにするようなことがあってはなりません。

ですから、飲み物の提供の仕方はもちろん、何かを頼まれたときの立ち居振る舞いまで指導します。

また、ホテルは、食器も高価なものを使っていますので、丁寧に扱う必要があります。

パーティーでは､料理の取り分けも行いますが､彩りも意識して､見た目にも美しく盛りつけます。もちろん、温かい料理と冷たい料理は一緒にせず、別の食器に盛りつけます。飲み物は、お客さまの好みや、飲むスピードに合わせて提供します。

さらに、提供するときは、仕草にもこだわります。

たとえば、なにかを頼まれたときは、まずニッコリと笑ってうなずきます。飲み物や食事は、相手が受け取りやすい位置に渡すか、テーブルに置きます。

この所作を1つひとつ、細かく指導します。

それらの仕草は、すべてお客さまに見られています。

きちんとできていないと、「食事の盛りつけや、提供が雑だった」「飲み物を頼んでも、なかなか出てこなかった」などのクレームがきます。

また、会場の雰囲気にあわせて、上品な制服を着ているにもかかわらず、会場内を走ったり、バタバタと音をたてて歩いていたのでは、失礼にあたります。たとえ急いでいても、上品かつエレガントに歩かなければなりません。

そのような仕事をしているからこそ、わかることがあります。

それは、「仕草は価値になる」ということです。

人は上質な空間にお金を払います。

仕草が素敵な人には、それを魅力的だと感じてくれる人が集まって、気持ちよくお金を払ってくれます。

これは、女性に限ったことではありません。

男性も同じように見られています。

ガサツな動きより、スマートな動きが、周りにいい印象を与えます。

仕草は習慣

私はつくづく、仕草は習慣だと思います。

フォーマルな場で綺麗な仕草ができる人は、プライベートでも、綺麗な仕草をしています。いきなり綺麗な仕草を求められても、簡単にできるものではないのです。

普段から食器を丁寧に扱う人は、どこに行っても、丁寧に食器を扱っています。また、普段から飲み物を飲むとき、カップについた口紅を気にする人は、いつもカップを拭きます。

また、「ドキッ」とする仕草をする人もいます。

よくワイドショーで、「モテる人がやっている仕草」などが特集されていますが、まさに番組で取り上げられそうな仕草もあります。

たとえば、「クロスの法則」というものがあります。

これは、イヤリングを触るときに、左の耳につけているイヤリングを、右手で触るというものです。これが、男性をドキッとさせるのです。

仕草は、自分を魅力的に見せるツールにもなります。もし、自分をより魅力的に見せたいと思うのであれば、仕草の研究をしてみましょう。仕草によっては、自分の見られ方を演出することができます。

私の周りにいる魅力的な人は、ドラマなどを見ては、どんな仕草が好意的に見られるかを、常に研究していたりします。その結果、同性にも異性にもモテるのです。

㉜言葉遣いに気をつける——普段から、どんな言葉を使っているか

接客には言葉遣いがとても大切

とっさのとき、人は普段使っている言葉が出てきます。それは、いくら気をつけていても、避けられません。

たとえば、目上の人やお客さまには丁寧な言葉を使っていても、スタッフや業者の方に対して、偉そうな言葉遣いをする人がいます。この人たちは、大事な接客の場面で、失礼な言葉遣いをしてしまったりするものです。

日本語は複雑です。敬語も「です」「ます」をつける丁寧語もあれば、「〜させていただきます」というように、へりくだる謙譲語もあります。

「おっしゃる」「召し上がる」などの尊敬語があります。しかし、これらも、普段から使っていなければ、すぐには出てきません。

我が社では言葉遣いの研修もしています。

パーティーコンパニオンの仕事では、お客さまの多くが、経営者や国会議員、医師、弁護士などＶＩＰと呼ばれる方です。

この方々への接客には、言葉遣いがとても大切です。

「服を預かります」と言うのと、「お召し物を預からせていただきます」では、ニュアンスがかなり違います。こちらが敬語を使うことで、相手は「大切にされている」「尊敬されている」と感じます。

いくら研修やトレーニングをしても、普段の生活で意識していなければ、とっさに尊敬語は出てきませんので、普段から尊敬語やよい言葉遣いをするようにアドバイスしています。

そして、普段発する言葉を一番聞いているのは、自分自身です。丁寧な言葉を使うと、不思議とそれに合わせて、立ち居振る舞いまで丁寧になってきます。

言葉と振る舞いは繋がっています。

また、言葉遣いが丁寧で嫌われる人は、まずいません。言葉遣いの丁寧な学生だと、「君みたいな人に我が社で働いて欲しい」などと、ヘッドハンティングされることもあります。

言葉のきれいな人は、心もきれい

きれいな言葉を使う人は、心も綺麗だと感じることがたくさんあります。

「そんなことない」「言葉と心なんて関係ない」と思われる人もいるかもしれません。

しかし、20年以上もパーティーを含めた接客の現場を見てきたからこそ、そう気づく場面が山ほどありました。

たとえば、誰かが困っていたら、「大丈夫ですか？」とスッと声をかけられる人は、普段から、「大丈夫ですか」を使っている人です。

逆に、普段から横柄な言葉遣いをしている人は、とっさの時にも態度に出ます。

パーティーコンパニオンのスタッフに、「ちょっと、姉ちゃん！」などという言葉をかける人は、その典型です。

そんな光景を見るたびに、「きっと、この人は会社でも部下に対してこういう風なんだろうなぁ」と思い、少し悲しくなります。

綺麗な言葉を使う人は、パーティーコンパニオンのスタッフに対しても、「申し訳ないけれど、ウィスキーを頼んでいいかな」と言います。

その姿を見ると、「きっと、この人は会社でも部下に対して気を遣えるんだろうなぁ」と感じながら、見ています。

言葉は、振る舞いにもつながりますし、その人の人間性をも映し出します。

昔から言われる通り、まさに言葉は言霊です。

きれいな言葉は、きれいな心をつくるということを忘れずにいたいものです。

㉝どんな人が魅力的か研究する――魅力を「見える化」する

気遣いや振る舞いが魅力的な人を意識する

私は、日本中にもっともっと魅力的なリーダーや社員が増えてほしいという想いから、「魅力学」の講師をしています。

なぜ「魅力学」なのかというと、前にも書きましたが、人は、魅力的な人と一緒にいたいと思うからです。

では、どんな人が魅力的なのでしょうか。

魅力的な人は、一概にこういう人です、ということはできません。清潔感があれば、ほとんどの人は魅力的だと感じますが、態度や優しさなどは、人によって好みが違います。ですから、自分にとって「魅力的な人はどんな人なのか」を研究するのもよいでしょう。

「あの人は、背筋が伸びていて素敵だ」と思ったら、自分も背筋を伸ばすことを意識してみましょう。

「あの人の気遣いが魅力的だ。あんな人になりたい」と思ったら、その人のどんな気遣いや、どんな振る舞いが魅力的に感じたのか、研究しましょう。

私自身、「魅力学」の講師をしているので、「どんな人が魅力的か」「どんな振る舞いをすると魅力的に見えるか」を常に研究していますし、逆に「どんな人が魅力的ではないのか」「どんな人が嫌われるのか」も、分析しています。

すると、実は、魅力的に見せるよりも嫌われることのほうが簡単だと言うことに気づきました。ですから、人の嫌な言葉遣いや仕草を見たら、「ああいう風にはならないようにしよう」と反面教師にするのも効果があります。

人がついていきたいと思う人になる

魅力がある人というのは、確かに人によって違います。カッコイイ人に魅力を感じる人もいれば、優しい人に魅力を感じる人もいます。

いろいろな人がいます。

また、お金払いのいい人に魅力を感じる人もいれば、きれいな人や可愛い人に魅力を感じる人もいます。

「魅力」はかなり抽象的だったりします。

しかし、人は感情の生き物です。好き嫌いや魅力で「この人について行きたい」と思いますし、「この人が嫌い」と、思ったら、その人の言うことを聞かなかったりします。

また、「魅力」には、見えるものと見えないものがあります。見た目や清潔感は目に見えますが、優しさや気遣いは目に見えることもあれば、なんとなくの感覚で、見えないこともあります。

そして雰囲気などは、まったく目に見えません。

私の「魅力学」の講座やセミナーでは、そんな類のものをできるだけ見える形にします。

その「見える化」が、言葉遣いや立ち居振る舞いであったりします。

好かれる人がどのような言葉を使っているのか、ついて行きたいと思う人はどんな振る舞いをしているのかを、1つずつ紐解いていきます。

そして、自分もどんな言葉を使えばいいのか、どんな振る舞いをすればいいのかを考えてもらいます。

お互いが気持ちよく過ごすためにもこの「魅力学」が必要であり、これをさらに伝えていくのが、私の使命だと思っています。

㉞好かれている人は魅力的　―好かれるほうが得

好かれるのは日頃からのちょっとした声かけも大切

好きな人の言葉はスッと耳に入ってきます。逆に嫌いな人の言葉は、いくら声が大きくても、耳に入ってきません。

ですから、リーダーや人の上に立つ人は、好かれたほうがいいに決まっています。

「嫌われても気にしない」と言う人もいます。

もちろん、考え方はそれぞれなので、私は否定しません。

確かに、漫画家やアーティストなど、人と直接関わる必要のない職業なら、それでもよいかもしれません。

しかし、チームや組織でなにかを成し遂げる必要がある場合は、やはり嫌われるよりも好かれるほうがスムーズにいくことが多いものです。

私は、もしあなたに部下や後輩が１人でもいるのであれば、一緒に働く人たちに好かれることが、上司として大切なスキルの１つだと思っています。

では、好かれる人とは、どんな人でしょうか。

思いやりや優しさを持っていることはもちろん大切です。しかし、それ以上に自分自身が人を好きであるということが重要です。

人は鏡です。

自分が相手のことを好きになれないのに、相手に好きになってもらうのは、とても難しいことです。

また、好かれるためには、日頃からのちょっとした声かけも大切です。

たとえば、毎朝「おはようございます」とみんなになんとなくあいさつをするのではなく、近くを通るときに「○○さん、おはようございます！　今日もよろしくね」と相手の顔をしっかり見て、笑顔で名前を呼んであいさつをします。

さらに続けて一言加えることで、それは単なるルーティーンではなく、コミュニケーションになります。

このような1つひとつの積み重ねが、「この人は、私のことを気にかけてくれている」「この人は、僕のことを見てくれている」と感じてもらうことにつながるのです。

大切なので繰り返しますが、人は感情の生き物です。

自分のことを気にしてくれている人を好きになります。そして、好きになった人の言葉は耳に入ります。そうなると、仕事もはかどります。

魅力的な人は好かれる

やはり、魅力的な人は好かれます。

ただし、魅力は人によって違います。

「自分は、どんな形で魅力的な人になりたいか」

ここで、考えてみてください。カッコよさで魅力をアピールするのもいいと思います。優しさや思いやりで魅力をアピールする方法もあります。また、姿勢や外見で魅力をアピールすることもできます。

私自身、「魅力学」の講師をしている中で、いろんな角度での魅力の話をさせていただいています。

いずれにしても、魅力のある人は好きになってもらえる確率が上がります。

自分の魅力がわからない人は、あなたにとって、どんな人が魅力的かを考えてみるようにしましょう。

友人や部下に、「あなたにとって魅力的な人はどんな人ですか」「あなたにとって魅力的な人は誰ですか」と、尋ねてみるのも１つの方法です。

魅力的な人が近くにいると、モチベーションが上がります。

実際に我が社のスタッフを見ていても、魅力的な人がいるだけで、「現場が楽しい」「あの人がいる現場なら頑張れる」そんな声をたくさん聞きます。

「魅力づくりは人づくり」

これを意識して、私は「魅力学」を通じて、魅力的な人をたくさん育てていきたいと考えています。

㉟どう見られているかを意識する——見られ方は、「魅力学」の基本

あこがれの人を観察して真似る

「どう見られているか」「どう見られたいか」は、「魅力学」の基本です。

また、自分が相手にどう見られているのかは、自分が思っているものと違うことが多々あります。

たとえば、失敗ばかりして謝ってばかりいる自分のことを、「どうせみんな、私のことをダメな人間だと思っている」と、本人が思っていたとします。

しかし、周囲の人は、「あの人は、失敗しても一生懸命頑張っている」と、思っているかもしれません。

こんな場合もあります。

おしゃれに気を遣っている人が、「僕はカッコいいんだ」と本人が思っていても、周囲の人は、「カッコばかりつけていて、気が利かない人」と思っているかもしれません。

ですから、たまには周囲の人に「私は、どう見えているのかしら?」「僕ってどんな人に見える?」

と、尋ねてみるのもいいかもしれません。

人によって見方はさまざまです。ある人は、「可愛い人」と思ってくれていても、別の人は「わがままな人」と思っている可能性もあります。

まずは「自分はどう見られたいのか」を意識して、そう見られている人はどんな人なのかを研究して、自分の行動をその人に寄せていくことをおすすめします。

なぜ行動かというと、性格を変えるのは難しいですが、行動は変えようと思えばすぐに変えられるからです。

私は昔から、あこがれの人がいると、とことんその人を観察します。そして、本人にも質問して、できることから真似をする、これを徹底的に行いました。朝は何時に起きるのか。好きな食べ物は何か。どんな本を読んでいるのか。休みの日は何をしているのか…聞いたことから、どんどん真似をしていきます。

そうすると、その人のいいところがどんどん吸収できて、「見られたい理想の自分」に近づいていきます。

もう１人の自分から見る

人によっては本音を言わない人もいます。とくに、経営者や人の上に立っている人に対しては、周りが気を遣って、本音を言わないこともたくさんあります。

「私はどんな風に見えていますか?」と尋ねても、「明るくて、いい人だと思います」「素晴らしい人だと思います」など、耳ざわりのいい言葉しか返ってこない、ということもあります。

だからこそ、自分を俯瞰してみることは、とても大切です。

「普段から、周りの人たちにどんな態度をとっているか」

「いつも、周りの人たちにどんな言葉を使っているか」

これを毎日少しでもいいので、振り返る時間をつくるようにしましょう。

ある会社の部長に「あなた自身が、あなたの上司だったらどうですか?」こう質問したところ、「絶対、鬱陶しい」「上ばかり見ていて嫌だ」「言うこととやることが違う」こんな答えが次々と返ってきて、大笑いになりました。

皆さん、自分の欠点をわかっていました。

逆に、これだけ答えが返ってくるということは、普段から、自分がとっている行動に気をつけている証拠でもあります。

そんな話を笑いながら聞いて、「こんな人たちだからこそ、部下がついていくんだなぁ」と改めて感じました。

自分を客観的に見ることで、より魅力的な上司、リーダーになります。

第6章　すべての人を活かす仕事術

㊱障がい者を活かす　――障がい者のみんなに助けられている

みんなで話し合い、学ぶ

我が社が運営する天文館果実堂、水族館の果実堂、そしてセンテラス天文館の図書館カフェ「Ｂｒｅｗ」は、すべて就労継続支援事業で運営しています。そのため、障がいのある人が働いていいます。障がい者というと、私たち健常者が助けているイメージがあるかもしれませんが、私たちが逆に、たくさん助けてもらっています。

最初に就労継続支援としてオープンした店舗は、天文館果実堂でした。それまで、鹿児島で障がいのある人が働く就労支援の仕事といえば、どちらかというとバックヤードで行う軽作業や清掃が、主な仕事でした。

でも、きっと障がいがあっても、もっと表に出てキラキラした場所で働きたい！　そう思っている人たちはたくさんいるはず！　そう考えて障がいのある人も、ない人もみんながワクワクする職場を創りたいというテーマを元に、妹たち2人と私の夫と、考えてアイデアを出し合いました。

お洒落なカフェや、パン屋さん、ケーキ屋さん、ジェラート専門店…いろいろな案がでましたが、最終的に、全員一致で決まったのが、鹿児島にはない「フルーツパーラー」でした。

私は、東京出張にいくと自分へのご褒美でときどきフルーツパーラーに行きました。綺麗なガラスの器に盛り付けられた、たくさんのフルーツやジェラート、そしてふわふわの生クリーム。テーブルに運ばれてきた瞬間に、みんな笑顔になるフルーツパフェ。私は、高価だけど美しくてキラキラしたフルーツパフェを食べると、いつも「よし！　また、がんばろう！」そう思えました。

そんな、来たお客さまを笑顔にしてくれるフルーツパフェを提供するお店、鹿児島初の「フルーツパーラー」を創りたい。そうして、私たちの就労継続支援1店舗目の店「天文館果実堂」は誕生しました。

それでもはじめの頃は、なかなかコミュニケーションがとれなかったり、なかなか理解しあえないこともあって、いろんな事件が起こりました。まさに、試行錯誤のスタートでした。

それでも、前向きに1つひとつ課題を解決していくようにしました。障がいを持った利用者さんたちを理解するために、スタッフみんなで話し合い、学びました。

あれから4年以上の月日が経ち、いまでは利用者さんたちも、一般スタッフと変わらないくらい、スピーディーに美しくて、おいしいフルーツパフェをつくるようになりました。

A型とB型の就労支援

ここで、障がいのある人が働く際に利用できる、就労継続支援について少し触れておきたいと思います。

就労継続支援とは、障がい者総合支援法に基づく、福祉サービスの1つです。企業などで働くことが困難な場合に、障がいや体調にあわせて自分のペースで働く準備をしたり、就労訓練や仕事を行います。そして、雇用契約を結び利用する「A型」と、雇用契約を結ばずに利用する「B型」の2種類があります。

この2つの大きな違いは「雇用契約を結んで働くかどうか」と「対象年齢」にあります。「A型」の場合は、雇用なので給料が発生します。「B型」の場合は、雇用ではないので給料ではなく、工賃という扱いになります。

私たちの運営する天文館果実堂は、「A型」の就労継続支援で行っています。

就労継続支援では、福祉サービスを利用する方のことを、利用者さんと呼びます。

もちろん、雇用契約なので、最低賃金以上の時給を支払うことが決まっています。年齢は、原則18歳以上65歳未満となります。

障がいがあることが前提なので、働く時間や仕事内容など、こちらが普段以上に気をつけなければならないこともたくさんあります。それでも、やってみてわかったこともたくさんあります。素晴らしい能力を持っている人がたくさんいます。

私たちは、そんなメンバーに助けられて、たくさんの仕事をしています。利用者さんたちの魅力をもっと伝えていくことが、私たちリーダーの役割であると思っています。

㊲天文館果実堂　――すべては、ここからはじまった

東京価格よりお手頃な価格で提供する

東京出張で、たまに食べるフルーツパフェは、自分へのご褒美でした。しかし、決して安くはありません。お店にもよりますが、ほとんどが2，０００円以上で、メロンパフェだと3，０００円以上します。

「鹿児島で、美味しいフルーツパフェをもっと手頃な値段で食べられるお店にしたい」

そう考えて九州のあちこちの農家さんに足を運びました。もちろん、地元の果物屋さんからも美味しい果物を届けていただきますが、いまでは、日本各地の農家さんにもご協力いただき、美味しくて安心安全な果物を、各地域の旬の時期に直接仕入れることもできるようになりました。

さらに、せっかく仕入れた果物を無駄にしたくないので、廃棄することがないように、熟した果物はジェラートや、コンポート、ドライフルーツに加工して、パフェに使います。

この仕事も、利用者さんの重要な仕事です。すべて自家製なので、添加物など一切使わず、子どもたちにも安心して食べていただけるパフェになっています。

こうして、高価ながらも東京価格よりはだいぶお手頃な価格でフルーツパフェを提供できるようになり、天文館果実堂は、インスタグラムや口コミでの評判もあり、あっという間に人気の場所になりました。

大勢のお客さまがおしかけてくれるのは、とてもありがたいのですが、働いているメンバーの中には障がいのある人も多くいます。

最初は、混雑のあまりお客さまをお待たせし過ぎて、クレームになることもありました。また、お待たせしたことで不機嫌になるお客さまの様子に大きな不安をもち体調を崩してしまう利用者さんもいました。しかし、いまでは障がいのある人も、ない人も関係なく、みんながスピーディーに見た目にも美しいパフェをつくることができるようになりました。

障がいの有無に関係なく、みんなが毎日楽しそうに仕事をしていることが、私は何よりも嬉しいです。

この天文館果実堂がきっかけで、いおワールドかごしま水族館内のレストランも運営することになりました。それが、「水族館の果実堂」です。

この水族館の果実堂も、おかげさまでたくさんのお客さまに支えられて、にぎわっています。そして、天文館中心地にできた商業施設、センテラス天文館。ここにある「天文館図書館」では、「Ｂｒｅｗ」というカフェを出すことになったのです。

天文館果実堂が教えてくれたこと

天文館果実堂は、いまでは「どうやって、人気のお店を運営しているのか」「どうやって障がいのある人を活かしているのか」と、日本中から視察に来てもらえるようになりました。

そして、視察に来た人がさらにアドバイスをしてくれたり、別の方を紹介してくれたりして、さらに成長を続けています。

いまでは、フルーツパフェだけでなく、ホットサンドセットやフレンチトーストなどのランチメニューも人気のメニューになりました。

さらに、コロナ禍、みんなで試行錯誤しながら商品開発した、テイクアウト商品も人気です。

前にも書かせていただきましたが、果物は賞味期限が短いものも多くあります。何もしないでいると、廃棄に繋がるものも多く、始めの頃はムダにしてしまうことがありました。

そんなことが、みんなでSDGsを考えるきっかけにもなりました。

果物を加工してできる商品をみんなで考え、人気のテイクアウト商品に繋がりました。フルーツサンドや、スムージー、クレープ、ドライフルーツ、トライフルやジャムなど、たくさんの種類があります。こうして天文館果実堂は、日々私たちの企画や工夫の場所になっています。

そして私たちは、天文館果実堂やその他の就労支援事業の運営を通し、多様な人がいる場所のほうが、障がいのあるなしに関わらず、みんなにとって、よい場所であることを学びました。

どんなに優れた人にも、人には得意不得意があり、社会や会社のルールに合わせるために、多少なりとも頑張っていることがあると思います。

「人はみんな違い、それでよい」

自分がそれを認められるようになることで、人にも優しくなれる、そんなことが生まれるような気がします。この循環が、人も会社も地域も優しい場所を生み出すことになると実感しています。

㊳女性を活かす ――こまめなフォローが大切

女性は環境に左右される確率が高い

私は、毎年およそ1万人のパーティーコンパニオンや、イベントスタッフ、モデルやタレントの女性をマネジメントしてきました。だからこそ、わかることや気づいたことがたくさんあります。

それは、女性のほうが、男性よりも環境に左右される確率が高い、ということです。

たとえば、生理痛1つをとっても、重い人もいれば軽い人もいます。これは、男性にはわかりません。また、周期的に的確に来る人もいれば、不規則な人もいます。そんな女性たちの身体には、寄り添うことも必要です。

「今日、体調が悪いんです」という女性に対して、思いやりを持つことも大切です。

また、独身で時間に余裕があるときは、徹底して仕事をしたいという女性でも、結婚すれば、ご主人や、ご主人の両親によって変わることもあります。

「できれば家庭に入ってほしいと言われたので、シフトに入る時間を減らしたい」と相談されれば、その気持ちを尊重します。

一方、子どもが成長して、学費をしっかり稼ぎたくなったり、ご主人が失業したりして、「稼ぐモード」になった女性には、「どうしたいの？」「月に、どのくらい稼ぎたいの？」と話をして、寄り添いながら、本人に答えを出してもらいます。

朝早いスタートの仕事や夜遅くまである仕事、土日祝日に長時間働く仕事やきつい仕事など、多少無理をしてでも稼ぎたい女性もいれば、できれば子どもが帰ってくるまでの、昼間の時間で働きたい、という女性もいます。そして、子育てだけでなく、家族の介護をしなければならない女性も多くいます。私たちは、１人ひとりの女性の言葉に耳を傾けて、できるだけ働きたい環境を提供するよう、努力をしています。

女性の力は無限

「なぜ、宮之原さんは、そこまで、１人ひとりの女性のことを考えられるのですか？」

こういった質問をよく受けます。それは、私が女性たちに助けられているからです。女性の力は無限です。

「この人についていきたい」

「この職場を大切にしたい」

そんな気持ちを持ってやる気になれば、責任感が強くて、瞬発力のある女性は、素晴らしい力を発揮してくれます。

そして私は、何よりもそんな女性を応援をするのが、うれしいのです。

我が家は、私も母もそして母方の祖母も、代々働く女性でした。そのため、働く女性の気持ちがわかります。しかも、私の母は、3人の娘を育てながら働いていました。愛情があっても、仕事中心でなかなか一緒にいる時間がとれませんでした。そんな母に対して、さびしい気持ちになっていた幼少期の記憶も残っています。

しかし、いま、自分が働きながら娘を育てていると、母に対しての恨み節よりも、感謝の気持ちが生まれてきました。私の場合は、1人娘です。1人でもいろいろ大変なことがあるのに、よく3人も育てたなぁ…と、感心することもたくさんあります。

だからこそ、子育てしながら働く女性に寄り添いたい、という想いが強いのです。

そんなスタッフの役に立ちたいと、我が社は、社内に託児の施設キッズルームをつくりました。お母さんが子どもを預けて安心して働ける職場にしたい、そんな思いをカタチにしました。

㊴人を活かすマネジメント術――人の活かし方は、みんな違う

ヒアリングがとても大切

人は、１人ひとり違います。ですから、１人ひとりに合ったマネジメントが必要です。ひとくちに障がいといっても、その種類や程度によって違います。

障がいには、身体障がい、知的障がい、精神障がいがあります。

天文館果実堂や、水族館、カフェで働いている利用者さんたちも、１人ひとり違う障がいや特性があります。長時間働くのが苦手な人もいれば、急に違う環境になるとパニックになる人もいます。しかし、特殊な能力が備わっている人も多く、そのタイプの人は、職人的な仕事をします。フルーツパフェをつくる仕事をしている人たちが、まさにそうです。

我が社は、人材サービスの仕事を主にしていますが、華やかな場所が好きなスタッフもいれば、静かな場所で淡々と仕事をするのが好きなスタッフもいます。コミュニケーションをとるのが得意な人、逆に苦手な人もいます。

また、最初は、華やかな場所がいいと思っていても、現場に出るとイメージと違っていたということもあります。そのような人には、事務系の仕事や単純作業の仕事、ＰＣ入力など、人と接する

必要のない現場に入ってもらいます。

また、人と接することが好きでも、パーティーコンパニオンやイベントコンパニオンのように、華やかな場所を希望する人もいれば、食品のデモンストレーションなど生活に密着した仕事のほうが得意な人もいます。そのような場合は、できるだけ、こちらから強制するのではなく、本人の希望を聞きながら決めていきます。

そういう意味では、いろんな現場があることで、1人ひとりの希望を叶えることができているのだと思います。また、職場や職種によって求めている人材が違いますので、人を活かすためにはヒアリングがとても大切だと感じています。

声かけを工夫する

人を活かすためにも、常に声かけをすることは必要です。人間ですから、調子がいいときもあれば、悪いときもあります。また、機嫌のいいときもあれば、不機嫌なときもあります。

「おはよう」と声をかけた時点で、相手のいまの調子がわかることもあります。なにか調子が悪そうだと感じたら、「何か気がかりなことでもあるの？」と尋ねます。

親子げんかをしてきたとか、夫婦げんかをしてしまったなど、話すことでスッキリして、いつも通りに仕事に取り組む人もたくさんいます。

「子どもが風邪気味で、保育園から呼び出しがあるかも…」という話になることも、少なくありません。

そんなときは、彼女が早退することになるかもしれない、そう考える必要があります。さらにそのような場合は、次の日、子どもが熱を出して出勤できない可能性もあります。そうなると前もって代わりのシフトを考えておく必要があります。ですから、声かけはコミュニケーションだけでなく、仕事の段取りに繋がることもあり、とても重要です。ほかにも、私は、こんな声かけをします。

「いまの現場はどう？」

こう尋ねることによって、現場に不満があればその理由をくわしく聞いて、現場を変えることもできます。何よりも不満を放置して、突然「やめます」と言われることが、人材会社にとって、いちばんのリスクです。

「今日の現場には、どなたか責任者の方はいらっしゃった？」と尋ねることもあります。

現場の会社の社長や役員などが現場を視察に来ることもよくあるからです。

その情報をもらったら、こちらから「昨日、現場にいらしてくださって、ありがとうございます。問題なかったですか？」と、ご連絡をします。

そうすることで、会社同士の信頼関係がさらに深まりますし、その報告してくれたスタッフも、「○○さんに、また仕事をお願いしたいのですが」と、高い評価を受けることになるのです。

㊵三方よしの仕事術　―三方よしにもいろいろある

自分の会社のことだけを考えていては仕事を続けていけない

「薩摩隼人」「薩摩おごじょ」という言葉があるように、鹿児島県民は、真面目で控えめですが、芯が強く、相手を思いやる人が多いのが特徴です。

その鹿児島で仕事をしているからには、私も、自分の会社のことだけを考えていては、仕事を続けることはできません。地域のこと、取引先のことも常に頭に入れて、仕事をしています。

これが、いわゆる「三方よし」です。この「三方よし」にもいろいろあります。

たとえば、運営する各店舗では、店に来てくれるお客さま、障がいを持った利用者さん、その他のスタッフの幸せはもちろんですが、取引先の業者さんたちのことも考えて仕事をしています。

「安い人件費、安い仕入」

これだけを考えていたら、絶対にうまくはいかなかったはずです。場合によっては、少々値が張ってしまっても、安心安全で、美味しい果物や材料を仕入れるよう、心掛けています。

あわせて、農家さんには味はよくても、傷があったり、形が不揃いであるため、売り物にならない「B級品」といわれる果物があります。そのような商品も仕入れて、生搾りジュースやスムージー、ジェラートにして販売しています。

人材派遣や紹介の仕事では、人が商品になります。だからこそ、商品価値を高めて、気持ちよく働いてもらうことが大切です。声かけとあわせて、研修にも力を入れて行います。あいさつなどの基本的なビジネスマナーだけでなく、希望者は、魅力学の講座にも参加できるようにしています。

観光ガイドをする「薩摩こんしぇるじゅ。」の講師は、プロとして活躍する先輩ガイドにお願いしています。「袖すりあうも他生の縁」ではありませんが、少しでも関わった人たちが笑顔でいたり、成長した姿を見ると、本当にうれしい気持ちになります。

外国人雇用も三方よし

我が社では、インドネシアやフィリピン、ネパールといったアジア各国から来た外国人を、特定技能生として、紹介しています。なぜ、外国人の紹介をするようになったのかと言いますと、鹿児島の多くの経営者の方たちが、人手不足で困っていることを知ったからです。我が社は人材派遣、人材紹介の会社ですが、人口減少や少子高齢化が急激に進んでいることもあって、地域や職種によっては、どうしても日本人の人材が紹介できないこともあります。

そんな中、「地域の人たちの役に立ちたい」という思いではじめたのが、外国人の紹介事業でした。はじめて事業をスタートしたときは、ベトナムの技能実習生の紹介がメインでした。

いまでもはっきり覚えているのですが、面接のためにベトナムにはじめて行ったときのことです。日本で働くことを夢見て必死で学ぶ彼ら、彼女たちは、目をキラキラ輝かせていました。私は、そんな子たちと接していると、「この子たちに、日本で幸せになってほしい」その思いがどんどん強くなっていきました。

そして現在も彼女たちを受け入れて、人材不足で困っている会社に紹介しています。私が、よく思うことがあります。それは、「この子たちは、本当に幸せなのだろうか」「家族と離れて不安じゃないだろうか」ということです。私にとっては、日本人でも外国人でも、どちらも同じ大切な我が社のスタッフです。そんなスタッフが、本当に幸せなのだろうか……。

だからこそ、外国人であっても、言葉がたどたどしくても、私はコミュニケーションをしっかりとるようにしています。受け入れ企業にも、はじめに、しっかりとコミュニケーションをとってもらうように、お願いをします。

そして、会社の仲間として、日本人と同じように大切にしてくれる会社のみに、紹介するようにしています。言葉や文化の違いはありますが、みんな同じ人間です。大切な家族がいて、愛する人がいます。たいていの場合、家族への仕送りのために、日本へ働きに来ています。そして、将来の自分の夢を実現するために、スキルアップを目指して、日々頑張っています。

人手不足で困っている会社、外国から来てくれるスタッフ、そして人材を紹介する我が社。三方よしにすることで、みんなが気持ちよく仕事ができるのです。

㊶才能を見抜く技術　―できるところを発見する

得意なところを伸ばしてもらう

人は、つい相手のできないところに目がいきがちです。組織を率いて自分が結果を出してきた人ほど、自分の過去のことは棚に上げて、部下に対して「あの子は、挨拶ができない」「あの人は、応用が利かない」と評価をしてしまいます。

10代、20代から見ると40代、50代は、自分が思っている以上に怖い存在に見えることがあるので、気をつけなければなりません。

我が社では、若い学生アルバイトや外国人、障がいのある人まで、まさに多くのスタッフが働いています。それぞれに、文化や特性の違いがあります。

特に精神障がいの人は、できないことを責められることで、より障がいが悪化したりします。ですから、我が社では、できないことを見つけて責めるのではなく、それぞれが、なにができるかに注目するようにしています。そこで必要なのが、「観察」することです。

1人ひとりを観察するからこそ、見えるものがあります。

「あの子は、きれい好きだよね」

「あの人は、細かいところまで目が届くよね」

そのような発見を、マネジメントする社員たちは共有します。そして、それぞれの特性を活かせる仕事がないかを話し合います。

不得意なことに3倍の時間をかけるよりも、得意なことを伸ばしてもらうほうが効率がよいのは、当たりまえです。

楽しんでいるところを見つける

「やれること」と「やりたいこと」が違う、ということもよくありますし、「向き」「不向き」もあります。本人は、「イベントの仕事をしたい」と思っていても、イベントの仕事は体力もいるし、お客さまとのコミュニケーションが要求されることもあります。

また、お客さまから直接クレームを受ける場合も多く、メンタルの強さも必要だったりします。現場では、「そこ、何をやってるの！」「さっさとやって！」など、荒っぽい言葉が飛び交うこともあります。

体育会系の出身で、そのようなことがまったく気にならない人もいれば、打たれ弱い人もいます。

「やっているうちに、慣れるでしょう」は、とても危険です。

人を活かすことも大切ですが、人を潰さないことも同じくらい大切です。ですから、「やりたいこと」はもちろん聞きますが、「やれること」にも重点を置きます。できれば、その人の得意を活かしてもらえるかどうかを考えます。

それでも「これがやりたい」というものがあれば、苦手でも楽しんでやれるかどうかを見極めます。楽しくやっていれば、それが苦手だったとしても、必ず成長します。しかし、楽しくなくて、我慢してやっているときは、心が折れてしまいます。

そんなときは、「やりたいこともいいけれど、あなたしかできないことをやってもらえると助かるんだけれど…」と傷つけないように伝えて、得意なことをやってもらうようにします。

㊷障がいは、障がいではない　――韓流ドラマが興味深い

人間の可能性を感じる

障がい者の中には、特殊な能力を持った人がたくさんいます。

かつてヒットしたトム・クルーズとダスティン・ホフマンが主演の映画「レインマン」。この中で、ダスティン・ホフマンがサヴァン症候群の役を演じています。

ある医師によると、サヴァン症候群とは「知能指数自体は高いが、自分を上手く表現できず、自

分の感情をよく理解できていない状態」とされています。分厚い本でも一見しただけで覚えてしまう並外れた暗記力と、4桁の掛け算や平方根を瞬時に言い当てるなど、数字に強いという特性を持っています。

ただし、暗記といっても丸暗記なため、心情の機微などは理解していませんし、話を理解して想像する能力や社会的常識は欠けているので、文章題を解くことはできません。また、決まった位置、決まった行動にこだわるので、融通が利かない、などの特性もあります。

ですから、サヴァン症候群の人は、「コミュニケーション能力がない」とか、「空気が読めない」と思われて、障がい者扱いされるのです。しかし、見方を変えれば、ある種天才的で、特殊能力を持っているのです。

最近、Netflixでは、障がい者を描いた韓流ドラマが大人気です。

その1つが、自閉スペクトラム症を抱える女性弁護士が、さまざまな壁にぶつかりながらも困難を乗り越える姿を描いた「ウヨンウ弁護士は天才肌」です。

また、アスペルガー症候群の青年を描いた「ムーブ・トゥ・ヘブン　私は遺品整理士です」も好評です。

これらのドラマは、本当によくできています。ネタバレになってしまうので、詳細は控えますが、人間の可能性を感じずにはいられません。

持っている能力を活かす

たしかにサヴァン症候群や自閉スペクトラム症、アスペルガー症候群の人たちは、人の気持ちを慮ることができなかったり、1つ気になることがあると他のことが手につかなかったり、いつもの場所にある物がなかったらパニックになったりします。

また、自分の関心ややり方、ペースを最優先させるので、一緒に仕事をやりにくいと見られたりすることもあります。

しかし、私たちは、それぞれの特性を「個性」と見ることにしています。そして、時間をかけて能力を引き出す努力をしています。

すると、毎日同じことを繰り返しているうちに、素晴らしい能力を発揮する人もいます。まさに天文館果実堂や、水族館の果実堂でフルーツパフェを綺麗に素早くつくったり、カフェ「Ｂｒｅｗ」で誰よりも美味しいコーヒーをハンドドリップで淹れて、お客さまに感動を与える存在になったりします。

また、一度食べたものの味を忠実に再現する能力を持った人もいます。人が目の前にいると怖いと感じるけれど、接客をしてみたいという人もいます。

そんな利用者さんには、遠隔コミュニケーションロボット「OriHime」を活用して、スーパーでの接客販売をしてもらいます。これも就労継続支援A型の仕事です。

また、私の知人は、引きこもってゲームばかりしていた若者に、ドローンの操縦士になることをすすめています。

実際、彼の会社ではそんな子たちがドローンの操縦士になるだけでなく、ドローンの操縦士を育成する教官にまで成長しています。

彼に言わせると、「ゲームばかりをやり続けられて上手くなる、これもかなりの特殊能力」らしいです。

㊸みんなタレント　―こだわりは、個性

それぞれの才能を活かす現場をつくる

世の中では、それぞれの分野で活躍している人の中にも、「学習障害」と言われる人がいます。

しかし、私たちは、それを障がいと思わずに、「こだわり」や「個性」と考えるようにしています。障がいを持っていても、慣れてくると特徴がわかりやすい人もいれば、わかりにくい人もいます。それどころか、正直扱いにくい人もたくさんいます。

年間およそ1万人のパーティーコンパニオンやタレント、アルバイトのマネジメントをしていたら、中には大変な人もやはりいます。無断欠勤をする人もいれば、タバコを吸ってはいけない場所

でこっそりタバコを吸う人もいます。もめごとやけんかなどのトラブルも、何度もありました。

「障がい者の雇用って、大変でしょう？」

「外国人の雇用は難しいでしょう？」

とよく言われますが、私たちにとっては、どちらが楽で、どちらが大変ということはありません。問題を起こすとき、人は、障がい者も健常者もありません。

最近思うのは、私にとって、関わっている社員やスタッフ、利用者さんや外国人は、みんなタレントです。それぞれの才能を活かすことができる現場をつくりたい、その思いだけです。

それでも、どうしても合わなくて離れていった人もいます。しかし、それも素直に受け止めて、その人が別の場所で輝いてくれることを、ただ祈っています。

わがままを受け止める

人材会社に登録している人の目的や考え方は、さまざまです。

少しでも給料がよくて、キレイで、ラクな場所で働きたい、できれば、時間も融通が利くところがいい、そう思って来る人もたくさんいます。

「わがままばかり言わないでほしい」と思うこともあります。

それどころか、「そんな職場があるなら、私が働きたい」と思ったりもします。

しかし、いちいち腹を立てていても、なにもはじまりません。

「それがあなたの希望なのですね」と、まずは、わがままも受け止めます。受け止めた上で、そのためには、どんなスキルが必要か、どんな勉強が必要かをアドバイスしたりします。また、人間関係もいろいろあります。

「あの人と一緒の現場は嫌です」と言う人もいれば、「この人と同じ現場にしてほしいです」と言う人もいます。

昼間に働きたい人もいれば、夜間に働きたい人もいます。そんなときは、「みんなタレントだから仕方ない」と自分に言い聞かせて、お互いの条件をすり合わせていきます。

最近では、私が直接マネジメントする機会は減っていますが、社内でスタッフや利用者さん、外国人スタッフと一生懸命やりとりしている社員を見ていると、本当に頼もしいと感じます。

人をマネジメントするときに、絶対になくてはならないのが、相手に対する思いやりと愛です。

我が社の社員はみんな、その大切な2つをもって、仕事をしてくれています。

なんと言っても、社員もスタッフもみんながみんな個性的です。お互いがお互いを「タレント」だと思って尊重すると、不思議と腹も立たないものです。

それどころか、この先、どんなタレントになっていくのだろうと考えると、楽しくて仕方がありません。

第7章 人は、人で磨かれる

㊹人磨きは自分磨き　――動機づけの大切さ

社会に役立っている

我が社のメインの仕事は、人材派遣・紹介事業です。人が商品である限り、常に人を磨くことがとても大切です。

ですから、研修にも力を入れます。ビジネスマナーや立ち居振る舞いも大切ですが、まずその基本になるのは、「なぜ、マナーが大切なのか」「なんのためにこの仕事があるのか」という、根っこになる部分です。表面だけを繕おうとしても、なかなか上手くいきません。そのためにも、仕事に誇りを持ってもらうことが必要です。

たとえば、「パーティーコンパニオンの仕事は、綺麗に着飾って、ただそこにいることではありません。会場で笑顔でいることで、まずは会場を和やかな雰囲気にします。またお客さまのために、食事や飲み物のサービスをすることで、出席しているお客さま同士が話に集中できて、仕事が上手くいく可能性が高くなります。あなたたちは、そのために、仕事をしているんですよ」と、仕事への理由づけをします。

障がい者雇用も外国人雇用も同じです。安い労働力だから、ではなくて、社会に役立っていることや、「あなたたちがいないと、困る人がたくさんいます」それをしっかりと伝えています。

なによりも、その言葉をいちばん聴いているのは私自身であり、マネジメントをしているメンバーです。それを聴いて、「そうだ、私の仕事に誇りを持ってやろう」そう確認することができるのです。

人から愛される仕事術

なによりも、やることの意味を理解して働くと、意識が変わります。

・話を聞いた
・聞いたことを理解した
・聞いたことを理解して行動した

これらは、似ているようでまったく違います。

たとえば、食品のデモンストレーションをするメンバーに、「お客さまの前では、笑顔で接客してくださいね。お願いします」と言えば、そのときは全員が「わかりました」という返事をします。

しかし、「なんのために」がないと、実際の現場に行ったときに、笑顔で接客することを忘れてしまうのです。まず、スタッフの給与は、依頼されたメーカーの会社から出ていることを説明します。だからこそ、その会社から依頼を受けた商品を、しっかりとＰＲすることが重要なのです。

つぎに、１つでも多く販売して、売上をあげることが私たちの責任であることを理解してもらいます。さらに、それだけでなく、入っているスーパーや、量販店の雰囲気をにぎやかで明るくすることも大切な仕事なのです。これらを徹底すると、依頼いただいたメーカーだけでなく、スーパーや量販店からも感謝されます。なぜなら、店に来るお客さまは、自分に接客をしてくれた人が、派遣されたスタッフかどうかなど、わかりません。その店の従業員だと思っていることがほとんどです。ですから、「あの店は、とても感じがいい」と、思ってもらえたら、店の方たちもうれしいのです。これができると、みんなから愛されます。こんなケースもありました。あるメーカーの営業の方が、もっと安い派遣会社に頼もうとしても、店の店長が、「清友さんでないと、うちはデモンストレーションのスタッフは入ってほしくない」とまで言ってくれたりします。

こんな言葉をいただくと、心からうれしくなります。そして、そう言われるほど、頑張ってくれているスタッフを誇らしく思うと同時に、感謝の気持ちでいっぱいになります。

㊺人は1人では何もできない
——応援してくれる人がいるからできることがたくさんある

いつもありがとうございます

パーティーコンパニオン、受付やコールセンターでのスタッフ、イベントスタッフ、デモンストレーション、モデル・タレント、ご当地アイドルの仕事…。どれも1人でできる仕事はありません。

お金を払ってくれるお客さまがいて、彼女たちを必要としてくれるお客さまがあってこその仕事ばかりです。

だからこそ、人の大切さ、応援してくれる人の大切さについて、いつも伝えています。

また、この仕事は、仲間がいるからこそ、広がる仕事ばかりです。パーティーコンパニオンも、食品のデモンストレーションも、スタッフが居なくても取引先が大きく困ることはありません。取引先のホテルやスーパーが経費を少しでも削りたいと思えば、削ることのできる仕事です。

しかし、それをせずに、必要としてくれるのは、単に「便利だから」というだけではなく、一緒にその会場や商品をよくするために必要な仲間だと思ってくださっているからです。だからこそ、私もできるだけ現場に顔を出して、サポートをするようにしています。

仕事を頼んでくださったお客さまには

現場のホテルの責任者の方や、スーパーの従業員の皆さまには「いつもありがとうございます」「いつもうちのスタッフがお世話になっています」とあいさつをします。

そして、なによりも働いてくれるメンバーには「いつもありがとう」の言葉をかけるようにしています。私1人ではなにもできません。みんな大切な仲間です。

仲間づくりの大切さ

「明子さんの周りには、素敵な仲間が多いですよね。どうやって仲間づくりをされているのですか？」とよく尋ねられます。

また、「人脈のつくり方を教えてください」と言われることも、たくさんあります。特別に「仲間をつくろう」と思ってやってきたわけではありません。ただ、「頼まれ事は試され事」だと受け止めて、それが仕事であってもなくても、大切な人からなにかを頼まれたときに、上手くいく方法を一緒に考えたり、できることをお手伝いする、ということを積み重ねてきました。

また、立場には関係なく、誰にでも自分からあいさつをするように心がけています。

これは、私の両親がそうしている姿を身近で見て育ったことが大きく影響しています。

どんな人にも、自分から声をかけて、笑顔で丁寧に話をする両親は、いつも素敵でした。それは、年齢を重ねたいまでも、まったく変わりません。困っている人がいたり、相談されたら損得なしにできることをする。そんな両親の元で、私は育ちました。いまは、そんな両親にとても感謝しています。

人は鏡です。自分が人に言った言葉も、自分が人にしたことも、よくも悪くも必ず自分に返ってきます。だからこそ、いつも出会った人には謙虚に、そして丁寧に、困っている人がいたら、できることを手伝う、そんな自分でありたいと思っています。そうして、私なりにできることを積み重ねてきた結果、「あのとき、助けてもらったことを感謝しています」と、こちらが忘れていても相手が覚えていてくれることもあります。「恩返しをしたくて」と、仕事をもらうこともあります。

こうして繋がった大切な人たちは、さらに大切な人を紹介してくれます。ご縁がつながり、たくさんの大切な仲間に私は支えられています。

大切な仲間はいればいるほどありがたいです。なぜなら、困ったときに助けてもらえるだけでなく、新しい情報を運んできてくれるのです。

「明子さん、ベトナム人の技能実習に興味ない？」

と話を持ちかけてくれたのも、仲間から紹介された群馬の社長でした。こうしていい仲間は、いい縁を運んできてくれます。だからこそ、仲間づくりは大切です。

㊻売上がゼロになったとき――助けてくれたのは、人

就労支援事業を立ち上げる

コロナが蔓延しはじめて、割と早い段階で我が社の仕事は、ほぼなくなりました。

パーティーコンパニオンもイベントスタッフも、デモンストレーションも観光に関わる仕事も、すべて人が集まってこその仕事です。母が創業して40年以上、華やかな場所で人材を提供してきた仕事が必要とされなくなる日がくるなんて、正直考えたこともありませんでした。

会社が倒産するかもしれない…経営者になって、これまでに困難は何回もありました。しかし、ここまですべての仕事がストップしたのは、はじめてでした。

それでも現実から逃げることはできません。

「社員の給料をなんとかしなければならない」

「借金もまだまだある」

「できることはなんだろうか」

不安がどんどん出てきて、押しつぶされそうになります。しかし、じっとしていてもなにもはじまりません。自分がやれることを考えるしかありません。

そこでまず考えたのが、障がいのある利用者さんの仕事を増やすために、新たに事業所を立ち上げよう、ということでした。

先に、就労継続支援として立ち上げていた天文館果実堂は、コロナの影響はあったものの、店内営業からテイクアウト中心に業態を変更することにしました。

新商品を急ピッチで開発して、フルーツサンドやパフェのテイクアウトや配達をはじめました。これが功を奏して、割と忙しくなりました。

天文館果実堂をヒントに、コロナの影響を受けにくく、しっかり売上が立って、障がいのある人も活躍できる仕事をつくろう。そんな中で、必死に考えて思いついたのが、弁当の製造販売でした。

コロナでも、人はお昼ご飯を食べます。そして、障がい者の特性が活かせれば、手間暇がかかったとしても、美味しいお弁当がつくれます。

さらに、就労継続支援の事業所であれば、鹿児島市役所のリニューアルしたての中庭の場所を、無料で借りることができたのです。

ここで、お昼休みに合わせて、弁当が販売できると聞き、「手づくりの美味しいお弁当の製造販売をしよう！」

そう決めてからは、一気に準備を進めました。

新しい事業所を立ち上げるには、申請など面倒な手続もありましたが、2人の妹たちや、サビ管（サービス管理責任者）の社員、親友のお母さんで管理栄養士の先生、そしてメニュー開発責任者の私の夫。

身内だらけですが、みんなの協力のもと、就労支援事業所ミエルカを立ち上げることができました。

お弁当づくりは利用者さんの募集と並行して行いました。天文館果実堂がオープンする前の早朝の時間帯に、キッチンを借りてお弁当づくりをスタートしました。

「正直、大した収入にはならなくても、やらないよりはマシ！　悩んでいる暇があったら動いてから考える！」

これが、私のモットーです。

天文館果実堂のキッチンで真心こめてつくった弁当を、市役所の中庭で売りはじめました。管理栄養士の先生の指導のもと、漬物や、ふりかけまでも手づくりにしました。

手間ひまかけたお弁当は、おいしいと大評判で、その噂はすぐに広まりました。たくさんの人が購入してくれて、毎日すぐに売り切れる弁当になりました。

すると、定期的に弁当を買いに来てくれていたかごしま水族館の山口常務から、「水族館でも売ってみませんか?」と、声をかけてもらいました。それがそのあと、水族館の果実堂になるなんて、そのときには夢にも思いませんでした。

ただ、あきらめずにやっていたら、助けてくれる仲間やお客さま、そして一緒にやろうと応援してくれる人が出てくる。それを、身をもって体験しました。

あきらめない人を、周りはみている

鹿児島市の水族館「いおワールドかごしま水族館」も、コロナの影響で、それまで入っていたレストランが退店しました。鹿児島市の市民サービスとして、年間パスポートを持っている人に、ソフトドリンクのサービスをしていたレストランだったので、残念がる人もたくさんいました。

来場者は以前と比べれば大きく減ってはいますが、それでも館内でご飯を食べたいという人もいます。

そこで、私たちは、まずは年間パスポートを持っている人へのソフトドリンクの提供と、弁当、フルーツサンドの販売をさせてもらいました。

その後、少しずつコロナが落ち着いてきて、「そろそろ、レストラン営業に移行しませんか」という話になったのですが、まだまだお客さまはコロナ前の半分以下です。それでも、私は、レストラン営業をすることに迷いはありませんでした。

というのは、私たちは、就労継続支援として障がいのある利用者さんと一緒に、弁当をつくっています。利用者さんが中心だからこそ、メニュー開発やオペレーションには、それ相応の準備期間が必要になります。

1人ひとり特性を考えて、仕事の割り振りを考えて、さらに慣れるまでに時間がかかります。だからこそ、コロナ禍でまだ店が暇なときにスタートするというのは、私たちには都合がよかったのです。

ありがたいことに、試行錯誤する時間もとることができました。そして、このレストランで働く利用者さんたちも日々成長してくれました。今では、連日たくさんのお客さまが来て、食事やパフェを楽しんでくれています。土日祝日、春休みや夏休みはオープンから閉店までほぼ満席ですが、皆んなで協力して、笑顔が溢れる素敵なレストランを運営しています。

この水族館の評判から、今度は、天文館の中心地にできた商業施設センテラス天文館の図書館の中に、カフェをオープンする話が舞い込んできました。

諦めずにがんばっている姿を、必ず誰かが見てくれています。コロナで辛いこともたくさんありましたが、多くの人に助けられました。リーダーとなる人は、自身のスタッフや部下に、あきらめずにがんばることの大切さを伝えてほしいと思います。

㊼休むことも大切 ──考える時間を持つ

身体と心を休める

日々、忙しさに流されていると、つい休まずに走ってしまいます。やれることがたくさんあるのは、本当にありがたいことです。

しかし、気づかなければならないことに気づけないこともあります。

たとえば飲食業では、ついつい1日の売上にばかり目がいってしまいますが、売上と同時に経費も確認する必要があります。

とくに、たくさんのお客さまが来ていていつも忙しいと、ついつい過剰な経費の増加を見逃してしまいます。人件費や仕入費用など、忙しいのだから上がって当たり前と考えてしまうのです。

しかし、どんなに売上があがったとしても、それ以上に、経費が増えれば利益はマイナスになります。どんなに美味しいものを提供して、お客さまによろこんでもらえても、赤字が続けば店の経営を続けることはできなくなります。だからこそ、飲食店の経営は難しいのです。

・美味しいものを提供すること
・居心地のよいサービスを提供すること
・やり続けるための利益をしっかり出すこと

この3つのバランスをとることができて、はじめて上手くいくのです。

店の調子が悪いときはもちろんですが、調子のよいときも、ちょっと立ち止まって、冷静に考える時間が必要です。

たまにはゆっくり休んで、現場を離れて、「このままで大丈夫か」「ほかにできることはないか」を考える余裕をもつこと、それこそが大切です。

私は、そんな時間を持つためにジムに行ったり、温泉に行ったりします。また、なにも考えずにぐっすり眠ります。身体と心を休めると、頭もスッキリして、新しい考えが浮かんでくることもあります。

それだけでなく、温泉などに行くと、いままでにない素晴らしいサービスをうけることができて、「こんなことができるかも」などと、新しいアイデアが出てきて、それが将来的に自分たちのビジネスになることもあります。

休みを何に使うか

あたりまえですが、休むためには時間が必要です。まず、時間をつくらなければなりません。

タイムマネジメントの方法に、「やりたいことから時間を埋める」というものがあります。

人は、とくに仕事に追われていると、「やらなければならないこと」でスケジュールを埋めてしまいます。すると、つい「時間がない」と言い訳をしてしまいます。

しかし、やりたいことからスケジュールを埋めると、時間が必要になります。

「どうやって時間をつくるか」

「人に任せられる仕事はどれか」

と、考えなければなりません。この考える力を持つことがとても大切です。

そして、休みの時間をなにに使うかも大切です。

他社のサービスを見に行くのも1つです。ついでに温泉に入って、ゆっくり考える時間を持つのもいいでしょう。

たとえ、まとまった日数の休みがとれなかったとしても、1日のうち1時間でも、自分のための時間をつくるのも、いいかもしれません。

「この時間からこの時間は、自分のために使おう」

そう決めておくのが理想です。

私は、休みの時間を使って読書をしたり、Netflixを見たりします。休みの時間で旬の情報を仕入れておくことで、部下やお客さまと良好なコミュニケーションがとれるようになるのです。

㊽自分と向き合う　――自分とコミュニケーションをとる

うまくいっていたときはどうだったか

人とのコミュニケーションも大切ですが、自分とのコミュニケーションも、とても大切です。人間関係がうまくいかないときや、仕事が思うようにはかどらないときは、自分とコミュニケーションをとってください。

「なぜ、うまくいかないのだろう」

「うまくいっているときは、どんなときだっただろう」

自分とコミュニケーションをとって考えていると、ハッと気づくこともあります。まさに私がそうでした。20代で経営者になった私は、社員やスタッフに自分の考えを押しつけていました。

「どうしてわからないの！」

「どうしてできないの！」

と、人ができないところばかりを見て、責めていました。

しかし、「私の教え方が悪いのかも」と、自分と向き合ったときから「どうやったらわかってもらえるか」というように発想が変わりました。それから上手くいくようになったのです。

コロナ禍で売上がほぼゼロになったときも、「すべての手を尽くしただろうか」「まだやっていない」「ならば、なにができるだろう」と、自分とコミュニケーションをとりながら、考えて、考えて、考えたときに、「障がいのある人たちと、手づくりのお弁当をつくりたい」という発想になりました。

だからこそ、自分と向き合うことが大切です。

身体と心の声を聞いてみる

身体の声を聞くことも、大切です。「身体の調子が悪いかなぁ」と思ったときに、病院に行くことも大切です。日々、仕事に追われていると、つい、自分の身体のことを後回しにしてしまいます。

とくに、子育てしながら働くお母さんは、子どものことを優先して、自分のことはいつも後回しにしてしまいます。しかし、お母さんが病気になることほど、家族が大変なことはありません。ですから、お母さんこそ、自分の身体の声をしっかりと聞いてほしいと思います。

そして、心の声も大切です。「辛い」、「苦しい」といったネガティブなことでも、きちんと向き合うことで、解決の糸口が見つかることもあります。

たとえ、嫌いな人がいたり、嫌いな仕事にぶち当たったとしても、気づかないふりをして無理をしていると、ある日、いきなり壊れてしまうこともあります。私は、我慢しているうちに、心や身体を壊してしまった人を何人も知っています。

ですから、そんなときも、「なぜ、この人が嫌いなのか」「なぜ、この仕事が辛いのか」向き合ってください。そして、「このまま仕事を続けたほうがいいのかどうか」これを元気なうちに、自分でしっかり考えてください。身体も心も健康であれば、いつでもまたチャレンジすることもできます。

㊾誰からでも学べる　――誰からでも学ぶ姿勢を大切に

メンバーから教えられたこともある

常におよそ1万人のスタッフをマネジメントしてきて思うのは、誰1人として、同じ人はいません。障がいのある人も、外国人も、モデルやタレントも、まったく同じ人はいません。人はみんな違います。

そして、1人ひとりとの思い出があり、すべての人と上手くいっていたわけではありませんが、それぞれから学んだこともたくさんあります。人それぞれの価値観は違うこと、時期とタイミングで人は変わること、人との出会いで人は変わること、これをずっと見てきました。

20代の頃は、それがわからず、腹を立てたことや悩んだこともたくさんあります。しかし、いま改めて振り返ると、そんなメンバーに教えられたこともたくさんあります。

経営者である以上、「この人にもっと成長してほしい」と思って、厳しくしたこともあります。その結果、がんばってくれた人もいれば、「無理です」と、離れていった人もいます。

また、一度は離れたけれども、「やっぱり、一緒に仕事をしたい」と戻ってきてくれた人もいます。

その点、障がいのある方たちは、特にはっきりしています。

「無理です」「できません」と直球で意思表示をしてきます。

しかし、それでハッと気づかされることもたくさんあります。いま、私自身が、「誰からも学ばせていただこう」という姿勢でいますし、そのような環境にいられることを心から感謝しています。

すべての人は私の師

いま、すべての人が私の師だと思っています。スタッフや従業員だけでなく、お客さまからも取引先からも学ぶことばかりです。

一方で、人間関係だけでなく、世界は日々、変化しています。私の子どもの頃にはなかったスマートフォンがあって、気がついたら知らないアプリというものがどんどん増えています。そんな知識は、私よりもアルバイトの学生や、娘のほうが進んでいたりします。

だからこそ、「わからない」「興味がない」そんな言葉をできるだけ使わずに、「それ、何？」「それで、それで！」と、好奇心を持って尋ねるようにしています。

実は、私は、自分の不得意なことには、あまり興味を持つほうではありませんでした。しかし、私が心から尊敬している女性との出会いで、一変していまに至ります。

10年以上前になりますが、はじめて大舞台での講演依頼をいただき、どうしていいかわからず、藁にもすがる思いで手にした1冊の本があります。

『はじめて講師を頼まれたら読む本』（ＫＡＤＯＫＡＷＡ）

この本があまりにわかりやすくて、とにかく助かりました。そして、どうしても感謝の気持ちを伝えたくて、この本の著者にはじめてメールをしたのです。

すると、なんと数日後に著者本人から、突然会社にお礼の電話があったのです。私からすると、あまりに想定外で衝撃的な出来事でした（笑）。それが、元吉本興業伝説のマネジャーで、現在は志縁塾の代表取締役を務める人材プロデューサーの大谷由里子さんです。

大谷さんは、私が知っている女性の中で、誰よりも好奇心旺盛で、とにかく、どんなことにもチャレンジしていて、雑学王です。そして、ありがたいことに、そのときから10年以上の付き合いをさせていただいています。本当に、日々学ぶことばかりです。

中でも私がいちばん感動するのが、由里子さんは、何に対しても、誰に対しても一切バイアス（偏見）がないことです。そして、どんなことにもチャレンジする、すごい行動力と体力があります。

「私も、由里子さんみたいになりたい！」

私が、いま最も目標にしている女性が、大谷由里子さんです。

由里子さんを意識して、最近は苦手なことや、苦手な人にもチャレンジするようにしています。

とはいえ、まだまだ修行中の身です。もし、自分がついていけないときは、

「任せるね」

と言うようにしています。人に任せることも大切です。

時代はどんどん変わっています。そして、人も街も変わります。その中で、「こうあるべき」も変化します。私も、うかうかしていると、「過去はこうだった」と、言いそうになります。そんなときには、「みんなが先生」と、自分に言い聞かせています。

㊿フォーユーの精神　――知覧という町

誰かのためになっているかを考える

鹿児島には知覧という町があります。太平洋戦争のときに、特攻隊が飛び立った場所です。

知覧だけでなく、鹿屋など、鹿児島にはそういった場所が何か所もあります。

そして、知覧には、知覧特攻平和会館があり、ここには特攻隊員の方々の遺書や遺品が展示されています。彼らが最後に何を信じて、どんな言葉を遺していったのか、その想いが残されています。日本がいい国になること、日本の未来がよいものになることを信じて、彼らは飛び立ちました。

私は学生の頃から、校外学習などで、知覧を訪れる機会がよくありました。その頃の私は、ただただ戦争の恐ろしさを感じる場所だという印象でした。

ところが、私が33歳のとき、その印象が大きく変わったのです。

当時の私は、会社を拡大しながらも、社員やスタッフと上手くいかないことも多く、はじめて外部の講師に研修を依頼しました。そのときに、広島の人材コンサルタントに紹介してもらったのが、永松茂久さんでした。大分の中津市で「陽なた家」というダイニング居酒屋を経営していた永松さんとの出会いがきっかけで、知覧について深く学び、通うようになったのです。

いまでは、ビジネス書『人は話し方が9割』（すばる舎）で3年半連続売上日本一のベストセラー作家になった彼との出会いが、いまの私の考え方の軸になっています。

永松さんは、知覧についてとことん勉強していて、のちに、『人生に迷ったら知覧に行け』（きずな出版）という本も出版しています。そして、永松さんの紹介で、特攻の母と言われた鳥濱トメさんの孫で、語り部の鳥濱明久さんとも出会うことができました。ホタル館富屋食堂（資料館）へも通い、知覧のことを学びました。

私が知覧に通い、学んだ先に出てきた言葉が「フォーユー」です。

それから、この言葉の意味を、本気で考えるようになりました。もしあなたも、知覧特攻平和会館や、ホタル館富屋食堂を訪れたら、きっとわかるはずです。

特攻隊の彼らは、ほとんどが、最後に誰かのことを思って散っていきました。もちろん、

「そう思わなければ悲しすぎる」

「軍に無理やり書かされた」

そんなことを言う人もいるでしょう。しかし、親兄弟や子どもや友人を思いやる気持ちに嘘はないと私は思います。そんな想いが溢れた手紙をたくさん読みました。

だからこそ、鹿児島の人たちだけでなく、そこを訪れた人々の多くは「フォーユー」、つまり「あなたのために」という言葉を自然と考えるようになるのかもしれません。

私もその1人です。仕事1つひとつに対して「これは誰かのためになっているか」と考えるようにしています。「フォーユー」の精神を持ったリーダーが1人でも多くいてくれたらうれしいです。

誰かのために…

「頼まれ事は試され事」

私の周りにはそういう仲間がたくさんいます。私もできるだけその言葉を大切にしています。そして、やれることがあるなら、その人のために動こうと心がけています。

とはいえ、誰にでもよい顔をするわけではありません。大切なのは、その人にも「フォーユー」の精神があるかどうかということです。

悲しいのですが、この仕事をしていると、「お金を貸してほしい」「あの人を紹介してほしい」などと、いろいろなことを頼まれます。そのときには、その人がこれまでどう生きてきたのかを尋ねて判断するようにしています。

もちろん、これまで私も、たくさんの人に頼み事をしてきました。ありがたいことに、その都度、先輩方に支えていただきました。

その先輩方が、みんな、こう言うのです。

「あなたが、人のことを考える人だから、僕たちもあなたを応援したくなるんだよ」

人は見ています。その人が自分のことだけを考えて生きている人なのか、「フォーユー」の精神を持った人なのか、しっかりと見て、判断しているのです。

私も人間ですから、忘れることもあります。自分勝手に生きてしまっていることもあります。しかし、この「フォーユー」の精神を忘れないことが、リーダーとして最も大切なのではないでしょうか。

おわりに

いま、この最後の文章を書きながら、18歳のときに学生をしながら初めてパーティーコンパニオンのアルバイトをしたときのこと、その後20歳でいきなり経営者になって、一緒に頑張ってくれていたみんなとの、苦しかったことや楽しかったこと、いろんなことが頭の中を巡っています。

そのすべての経験があったからこそ、間違いなくいまのわたしがあります。

最近は、

「どうしたら、女性活躍に繋がるのか教えてほしい」

「障がい者雇用や、外国人の雇用について、教えてほしい」

「どうしたら、若い社員が続いてくれるのかな」

など、総合人材サービス会社の我が社には、仕事の登録の依頼や仕事の依頼だけでなく、たくさんの経営者の方やマネジメントされる方から質問をいただきます。

また、そんな研修や講演の話もたくさんいただきます。わたしたちもいきなりうまくいったわけではありません。また、いまでもたくさんのことで迷ったり、つまづいたりしています。しかし、そのたびに解決策を一緒に働く仲間と考えてきました。本書では、そんな解決策もまとめさせていただきました。

これらが、皆さんのお役に立てると嬉しいと感じています。

人材育成には終わりがありません。コミュニケーションの取り方も人によって違いますし、国によっても常識、非常識も違ったりします。

また、障がい者もみんな同じではありません。だからこそ、いかに諦めずに関わるかがとても大切です。

そして、まさかのまさか、コロナショックもありました。我が社は、人の集まるところに人を出すのが主な仕事でした。ですから、売上はほぼ0になりました。

そんな我が社を救ってくれたのもお客さまであり、一緒に働いてくれる仲間でした。

人は人で救われることを身をもって経験しました。

諦めないでいれば、人も自分も会社も活かせることを本書でお伝えできたらこんなに嬉しいことはありません。

また、今回本書に載せることができなかった内容を、宮之原明子オフィシャルサイト内に特設ページをつくりご覧いただけるようにしました。「魅力チェックシート」など役に立つ内容を更新していきますので、ぜひご覧いただければ幸いです。

【宮之原明子オフィシャルサイト】で検索してください。

http://www.a-miyanohara.kagoshima-seiyu.com/

最後になりますが、本書を執筆するにあたり、多大なるご指導、サポートをしてくださった（株）志縁塾の大谷由里子社長。大谷由里子社長がいなければ、本書が世にでることはありませんでした。講師、経営者としてだけでなく、人として大切なことをいつも教えていただき、心から感謝しています。

そして、セルバ出版社の森社長。セルバ出版森社長とのご縁を繋いでくださった大内優様。出版の経験も知名度もまったくないわたしに、今回、このような貴重な機会をいただき、心から感謝いたします。今回の出版で相談にのってくれて、アドバイスをくれた（株）ワンダーノートの青木一弘社長。ありがとうございました。


いまのわたしの中心軸で、大切なファミリー。

清友・ミエルカ・グッジョブかごしま・サクラバイオの社員をはじめ全スタッフのみんな。

そして、いつも私を支えてくれる大切な友人たち。

本当にいつもありがとう。

また、これまで清友に所属して活躍してくれたすべてのスタッフの皆さん、応援し続けてくださるすべてのお客さまに心から感謝します。

わたしをこの世に誕生させてくれた、大好きで、心から尊敬する
お父さん、お母さん。
2人がこの会社を創ってくれたお陰で、たくさんの出逢いと学びのある、充実した人生になって
います。
どんなときも、最強のビジネスパートナーであり心の支えになってくれる2人の妹、綾子、美香
いつも、本当にありがとう。
最後になりますが、
いつも、わたしの一番の理解者で応援団長、
愛する家族のパパと愛娘の清華。
本当に、本当にありがとう。

そして読んでいただいたあなたが、これからリーダーとして活躍することを心より祈っています。
最後までお読みいただき、本当にありがとうございました。

宮之原　明子

著者略歴

宮之原　明子（みやのはら　あきこ）

魅力学・コミュニケーション講師
株式会社 清友　代表取締役
株式会社 ミエルカ　代表取締役
株式会社 サクラバイオ　代表取締役
一般社団法人 グッジョブかごしま　理事

鹿児島純心女子短期大学卒業後、家業の人材サポート会社株式会社清友に入社。イベント・モデル・デモンストレーション事業など新規事業に取り組み、接客・販売指導など年間1万人を超えるスタッフへの指導を行う。
2018年障がい者の就労支援事業として「一般社団法人グッジョブかごしま」を立ち上げ、同年12月に「天文館果実堂（フルーツパーラー）」を、また2021年5月、いおワールドかごしま水族館内に「水族館の果実堂」を、2022年4月、センテラス天文館内の図書館に併設のカフェ「Brew」をオープンし、社会福祉事業へも積極的に取り組む。

好かれるリーダーに変わる50の技術
— 人手不足を解消するチームのつくり方

2023年8月1日　初版発行　　2023年8月23日　第2刷発行

著　者　宮之原　明子　© Akiko Miyanohara

発行人　森　忠順

発行所　株式会社 セルバ出版
〒113-0034
東京都文京区湯島1丁目12番6号 高関ビル5B
☎03（5812）1178　FAX 03（5812）1188
https://seluba.co.jp/

発　売　株式会社 三省堂書店／創英社
〒101-0051
東京都千代田区神田神保町1丁目1番地
☎03（3291）2295　FAX 03（3292）7687

印刷・製本　株式会社 丸井工文社

●本書の内容に関する質問はFAXでお願いします。

Printed in JAPAN
ISBN978-4-86367-830-9